Het stof van haar voeten

Deel 2

Het stof van haar voeten

Deel 2

Beschouwingen over Amma's onderricht

Swami Paramatmananda Puri

Mata Amritanandamayi Center, San Ramon
Californië, Verenigde Staten

Het stof van haar voeten – Deel 2
Beschouwingen over Amma's onderricht
Swami Paramatmananda

Uitgegeven door:
Mata Amritanandamayi Center
P.O. Box 613
San Ramon, CA 94583
Verenigde Staten

———————— The Dust of Her Feet Volume 2 (Dutch) ——————

Eerste uitgave : april 2017

Adres in Nederland:
www.amma.nl
info@amma.nl

Adres in België:
www.vriendenvanamma.be

In India:
inform@amritapuri.org
www.amritapuri.org

INHOUD

TOEWIJDING

Gegroet
Sri Mata Amritanandamayi Devi,
de Universele Moeder,
die de ellende uit de wereld verdrijft,
die de duisternis van haar toegewijden verjaagt
en zich toont als het Eeuwige Bewustzijn
dat eigen is aan het Hart,
die schijnt als de Transcendente Waarheid
die ten grondslag ligt aan de wereld
en wat daar voorbij ligt

VOORWOORD

Sinds 1968 leidt Swami Paramatmananda Puri het leven van een monnik in India waar hij als negentienjarige naar toe verhuisde om de spirituele essentie van die grote en oude cultuur in zich op te nemen. Hij heeft het geluk gehad om door de jaren heen in de aanwezigheid van veel heiligen en wijzen te verblijven, wat culmineerde in zijn ontmoeting met zijn Goeroe, Mata Amritanandamayi, in 1979.

Toen Swami Paramatmananda Amma voor het eerst ontmoette, vroeg hij haar hoe hij zijn sadhana moest voortzetten. Amma's antwoord was: 'Word zoals het stof onder ieders voeten.' Zo is de titel van dit boek tot stand gekomen.

Als een van haar senior discipelen werd hem uiteindelijk gevraagd om terug te keren naar de VS om te dienen als leider van de eerste ashram in het westen, het Mata Amritanandamayi Centre in Californië, waar hij van 1990 tot 2001 verbleef.

Veel bewoners en bezoekers van het centrum herinneren zich nog dat één van de hoogtepunten daar Swami's lezingen waren, die zijn ervaringen in India, zijn begrip van Amma's onderwijs, teksten uit de geschriften en zijn leven op het spirituele pad omvatten. Met scherpzinnigheid en humor heeft hij Oost en West bijeen gebracht en een forum voor spirituele lessen voor mensen van alle rangen en standen gecreëerd.

Hoewel Swami sinds zijn terugkeer naar India in 2001 geen openbare lezingen meer heeft gegeven, zijn veel opnames van zijn satsangs nog niet uitgegeven. Dit boek is een poging om iets van dit materiaal en van zijn geschreven artikelen na zijn terugkeer naar India te delen.

De uitgever van de Engelse editie
M. A . Center, 1 september 2014

7

HOOFDSTUK EEN

De ware Goeroe

Toen ik bij Amma kwam, was ik erg gelukkig en vredig, tenminste, dat dacht ik. Maar toen ik me in de ashram thuis was gaan voelen, kwamen veel negatieve gedachten en gevoelens naar boven zoals twijfel, boosheid en jaloezie. Het leek erop dat Amma omstandigheden aan het creëren was om het slechtste in mij naar buiten te brengen en eigenlijk in iedereen. Aan de ene kant was het zalig om in Amma's goddelijke aanwezigheid te zijn, maar het was uiterst pijnlijk om het grootste deel van de tijd geërgerd te zijn. Er waren vaak momenten dat ik de ashram wilde verlaten om terug te keren naar het vredige dorpje waar ik woonde voordat ik bij Amma kwam. Maar ik zag dat Amma een goddelijk wezen was die mij waarschijnlijk als enige persoon op aarde de weg naar het door mij verlangde doel kon tonen. Haar aantrekkingskracht was ontegenzeglijk. Maar ik had om vrede gevraagd en niet om lijden!

In mijn rustigere momenten realiseerde ik mij gaandeweg dat wat diep in mij was, eenvoudigweg naar buiten kwam. Ik had mijn geest eerder misschien aan de oppervlakte schoongemaakt, maar Amma wilde de donkerste uithoeken bereiken en de boze geesten die zich daar schuilhielden eruit gooien. Er bestaat een gouden regel in het spirituele leven: wat binnen in ons is moet eerst naar buiten komen voordat we echte vrede en gelukzaligheid kunnen ervaren. Het gif dat we in het verleden hebben ingeslikt, moet overgegeven worden voordat wij gezond kunnen worden.

Amma kan ons niet vullen met gelukzaligheid als er nog smerige dingen in het vat van onze geest zitten. Hoe kan ik mijn geest volledig leegmaken? In ieder geval niet in mijn eentje. Op de een of andere manier moeten omstandigheden onze diepste negativiteit naar de oppervlakte van onze geest brengen zodat ze op een bewust niveau gezien en aangepakt kunnen worden. Dat is een van de taken van de Goeroe: naar buiten brengen wat binnenin zit. Om een erg vuile fles schoon te maken is een harde borstel nodig. Amma zegt:

'De Goeroe zal de leerling obstakels en verdriet bezorgen. De leerling moet dit allemaal overwinnen door intense sadhana. Spiritualiteit is niet voor luie mensen. De moeilijkheden op subtiel niveau zijn zwaar vergeleken met het verdriet in de uiterlijke wereld. Er is niets te vrezen voor iemand die alles opdraagt aan een *Sadguru*.'

Door omgang met een echte Goeroe leren we wat we weg moeten doen en wat we moeten cultiveren, zowel in onze geest als in ons handelen. Het voorbeeld van de Goeroe wordt onze leidraad, onze inspiratiebron. Maar we moeten daar niet ophouden. We moeten beseffen dat elke situatie in ons leven wordt gecreëerd door de Goeroe voor onze spirituele ontwikkeling. De natuur is de dienaar van onze Goeroe, die haar gebruikt voor onze spirituele ontwikkeling. Alles wat ons overkomt, is een kans om spiritueel te groeien, want dat is het echte doel van het menselijke leven, Zelfrealisatie. Als we deze houding ontwikkelen, zijn we halverwege het doel. Maar het is niet gemakkelijk, omdat we zo sterk gericht zijn op uiterlijkheden als eten, seks, met mensen omgaan, geld verdienen enzovoorts. We zijn als vissen die de oceaan niet zien omdat ze teveel in beslag genomen worden door eten en niet opgegeten worden.

Verhaal van de verborgen leraar

Een toegewijde die vele jaren spirituele onderwerpen had bestudeerd, vond dat de tijd gekomen was om te gaan reizen op zoek naar een directe ervaring van de Werkelijkheid. Hij zei tot zichzelf 'Ik zal op zoek gaan naar de verborgen leraar van wie ook gezegd wordt dat hij in mijn diepste zelf verblijft.'

Toen hij zijn huis uitliep, kwam hij een sadhoe tegen die moeizaam de stoffige weg af sjokte en liep met hem op in afwachting van zijn reactie.

Ten slotte sprak de *sadhoe*. 'Wie ben je en waar ga je naar toe?'

'Ik ben een zoeker en op zoek naar de verborgen leraar.'

'Ik zal met je meelopen', zei de sadhoe.

'Kunt u me helpen de leraar te vinden?'

'De verborgen leraar bevindt zich, zoals wordt gezegd, in het binnenste van de mens. Hoe hij hem vindt hangt af van hoe hij omgaat met zijn ervaringen. Dit is iets wat ik slechts gedeeltelijk over kan brengen.'

Uiteindelijk kwamen ze bij een boom die kraakte en heen en weer zwaaide. De sadhoe stopte. 'De boom zegt: 'Er is iets wat me pijn doet; stop even en haal het van mij af zodat ik wat rust kan vinden.''

'Ik heb veel haast', antwoordde de ander, 'en hoe kan een boom spreken?' Dus liepen ze verder.

Na een paar kilometer zei de sadhoe: 'Toen we vlak bij de boom waren, dacht ik dat ik honing rook. Misschien was het een wild bijennest dat in de stam was gebouwd.'

'Als dat zo is, laten we dan snel teruggaan zodat we de honing kunnen verzamelen om op te eten en een beetje te verkopen voor de reis.'

'Zoals je wilt', zei de sadhoe.

Toen ze bij de boom terugkwamen, zagen ze een paar andere reizigers die een enorme hoeveelheid honing verzamelden. 'Wat hebben we een geluk gehad!' zeiden deze mannen. 'Dit is genoeg honing om een stad mee te voeden. Wij arme pelgrims kunnen nu kooplieden worden; ons kostje is gekocht.'

Toen de sadhoe en zijn nieuwe vriend dit hoorden, vervolgden ze hun weg.

Toen kwamen ze bij een berg en hoorden op zijn helling gezoem. De sadhoe hield zijn oor tegen de grond. Toen zei hij: 'Onder ons zijn miljoenen mieren een kolonie aan het bouwen. Dit gezoem is een gezamenlijke roep om hulp. In mierentaal zeggen ze: 'Help ons, help ons. We zijn aan het graven maar we komen vreemde stenen tegen die onze doorgang hinderen. Help ze uit te graven. Zullen we stoppen en helpen of wil je snel verder gaan?'

'Mieren en stenen zijn niet onze zaak, broeder' zei de toegewijde, 'omdat ik allereerst op zoek ben naar mijn leraar.'

'Uitstekend broeder', zei de sadhoe. 'Toch wordt gezegd dat alles met elkaar verbonden is en dit heeft misschien een bepaalde verbinding met ons.'

De jongeman luisterde niet naar het gemompel van de oude man en dus vervolgden ze hun weg.

Het stel stopte voor de nacht en de jongeman ontdekte dat hij zijn mes had verloren. 'Ik moet hem vlak bij de mierenhoop hebben laten vallen', zei hij. Dus gingen ze de volgende morgen terug.

Toen ze bij de mierenhoop terugkwamen, zagen ze geen spoor van het mes. In plaats daarvan zagen ze een groep mensen helemaal onder de modder, die naast een stapel gouden munten aan het rusten was.

'Deze munten zijn een verborgen schat die we zojuist hebben opgegraven. We liepen op de weg toen een fragiele oude heilige ons riep en zei: 'Graaf op deze plek en je zult iets vinden wat voor sommigen stenen zijn, maar voor anderen goud.'

De jongeman vervloekte zijn pech. 'Waren we gisterenavond maar gestopt, dan zouden jij en ik beiden rijk zijn, sadhoe.' De andere mensen zeiden: 'Die sadhoe bij jou, vreemdeling, lijkt vreemd genoeg op degene die we gisterenavond hebben gezien.'

'Alle sadhoes lijken erg veel op elkaar', zei de sadhoe.

De twee mannen vervolgden hun weg. Een paar dagen later kwamen ze bij een prachtige rivieroever. De sadhoe hield stil. Toen ze op de veerboot zaten te wachten, kwam een vis een paar keer naar de oppervlakte en bewoog zijn mond in hun richting.

'Deze vis stuurt ons een boodschap,' zei de sadhoe. Hij zegt: 'Ik heb een steen ingeslikt. Vang me en geef me een bepaald kruid te eten. Dan kan ik hem uitbraken en zal dan verlichting vinden. O reizigers, heb medelijden met me!'

Op dat moment kwam de veerboot en de jongeman, vol ongeduld om verder te gaan, duwde de sadhoe de boot in. De veerman was dankbaar voor het geld dat ze hem konden geven en ze sliepen die nacht goed op de tegenoverliggende oever, waar een edelmoedige ziel een theehuis voor reizigers had gebouwd.

Toen ze 's morgens hun thee zaten te drinken, kwam de veerman tevoorschijn. 'Gisteren was mijn gelukkigste avond', zei hij. 'De pelgrims hebben mij geluk gebracht.' Hij kuste de handen van de eerwaarde sadhoe om zijn zegen te krijgen. 'Je verdient het helemaal mijn zoon,' zei de sadhoe.

De veerman was nu rijk en dit is wat er was gebeurd. Hij stond op het punt om op de gebruikelijke tijd naar huis te gaan, maar hij had aan de overkant het stel gezien en besloot om nog een overtocht te maken om een zegening te ontvangen door arme reizigers te helpen. Toen hij zijn boot ging aanmeren, zag hij de vis die zichzelf op de oever had geworpen. Hij probeerde klaarblijkelijk een stuk van een plant door te slikken. De visser stopte de plant in zijn bek, waarop de vis een steen uitspuwde en weer het water in plonsde. De steen was een grote zuivere diamant van onschatbare waarde en schittering.

'U bent een duivel!' schreeuwde de razende jongeman tegen de sadhoe. 'U wist van deze drie schatten door een of andere verborgen kracht en toch vertelde u me dat niet. Is dat echte kameraadschap? Voorheen was mijn pech al groot genoeg, maar zonder u had ik zelfs niet geweten van de mogelijkheden die verborgen zitten in bomen, mierenhopen en zelfs vissen!'

Hij had deze woorden nog niet uitgesproken of hij voelde alsof er een krachtige wind door zijn eigen ziel waaide. Toen wist hij dat precies het tegenovergestelde van wat hij zei de waarheid was.

De sadhoe tikte hem lichtjes op de schouder en glimlachte. 'Nu zul je ontdekken dat je door ervaring kunt leren, broeder. Ik ben degene die de verborgen leraar aanstuurt.'

En vanaf die dag werd de zoeker bekend onder de naam 'Hij die heeft begrepen.'

HOOFDSTUK TWEE

Liefde tegenover Kennis

W e leven in een technologisch tijdperk. Het leven was vroeger erg eenvoudig en op sommige plaatsen is dat nog zo. Mensen leefden eenvoudig, zonder elektriciteit. Hun lichaam kreeg genoeg oefening door gewoon hun dagelijkse werkzaamheden te doen. Zij stonden dicht bij de natuur. Ze kenden het ritme van de natuur. Ze geloofden in het bestaan van God en hadden vertrouwen in Hem. Hun pleziertjes waren eenvoudig en onschuldig en hun geest kende nobele eigenschappen als nederigheid, geduld en zelfopoffering.

Toen kwamen elektriciteit en technologie. Kijk nu naar de huidige ontwikkelingen. De mensen zijn zo trots. Als er trots is, is er boosheid en ongeduld. Ze zijn de hele tijd rusteloos op zoek naar iets nieuws. TV, internet en andere vermakelijkheden slokken al hun vrije tijd op. Zelfzuchtige harteloosheid en wreedheid lijken voortdurend toe te nemen en niemand is in staat om de golf van geweld te stoppen. Van jongs af aan wordt men gebombardeerd met valse ideeën over geweld, boosheid, kracht, status en ongebreidelde seks.

Technologie is op zichzelf niet slecht. Maar het moet niet alleen gebruikt worden ter wille van de efficiëntie, het gemak en het plezier, maar eerder om hogere idealen bij te brengen. Kijk bijvoorbeeld hoe je je voelt als je een verheffende film hebt gezien. Het effect kan vele uren of zelfs dagen duren. Een inspirerend boek dat we in handen hebben gekregen dankzij de ontwikkeling van de drukpers, kan ons leven veranderen.

Maar over het algemeen heeft technologie de goede eigen-schappen bij de meesten van ons uit laten drogen en ons overdre-ven intellectueel gemaakt. We zijn voor alles afhankelijk van ons intellect. We moeten het waarom en hoe van alles weten. Geloof is verzwakt en bestaat zelfs niet meer behalve als ons intellect wordt bevredigd. In materiële zin zijn we erop vooruitgegaan maar spiritueel hebben we veel verloren. Geluk zal in het hart en niet in het hoofd moeten zijn om blijvend voldoening te schenken. Het is het verschil tussen het kennen van alle ingrediënten van een smakelijke schotel en het eten ervan.

Amma zegt:

> In de wereld van vandaag vinden mensen het intellect belangrijker dan het hart. Deze verandering is niet erg bemoedigend. Alleen als we een onschuldig en ruim hart cultiveren, kunnen we het Rijk van God bereiken. Dit betekent niet dat het intellect geen rol speelt in onze zelfontplooiing. We hebben zowel het hoofd als het hart nodig. Beide hebben hun eigen rol te spelen in onze ontwikkeling. Het is dankzij het intellect dat we onderscheid kunnen maken tussen goed en kwaad, tussen werkelijk en onwerkelijk, tussen het eeuwige en vergankelijke. Maar er zijn ook schaduwzijden. Het intellect is als een schaar. De aard van een schaar is om in stukken te snijden en weg te gooien. Het intellect heeft niet de ruimdenkendheid of reikwijdte om alles te omvatten en een plaats te geven. Als we alleen maar het intellect benutten, zullen we de zoetheid van het leven missen. Het hart daarentegen is als een naald. Zijn aard is om te naaien en dingen samen te brengen. Het

aanvaardt en verenigt zelfs de meest ongelijksoortige en verschillende zaken. Het inspireert ons om de goede kant van alles te zien en het goede in alles te absorberen. Zowel het intellect als het hart zijn noodzakelijk om een harmonieus leven te leiden en om God, ons eeuwige doel, te bereiken. Als we een stuk stof met een schaar in stukken van de juiste maat en vorm hebben geknipt, gebruiken we een naald om ze in elkaar te zetten om er een hemd, bloes of jurk van te maken.

Ons eerste gebed moet zijn om een hart te ontwikkelen dat vreugde schept in het geluk van anderen en hun zorgen deelt. Gods echte kinderen zijn zij die het geluk en de zorgen van anderen als de hunne beschouwen.

Met zo'n intellectuele geest komen we tot spiritueel leven en komen we bij Amma. We zien in Amma wat een ontwikkeld hart echt betekent en we voelen ons daarbij vergeleken star en droog. Toch wordt ons intellect uit gewoonte kritisch en oordelend en het probeert Amma te wegen en te begrijpen in plaats van ons te koesteren in haar aanwezigheid. We missen misschien zelfs de reden waarom we bij haar zijn.

God kennen versus liefhebben

Er was eens een pandit die heel goed thuis was in alle geschriften. Deze geschriften kwamen helemaal niet tegemoet aan de verlangens van zijn geest, want hij wilde niets minder dan God helemaal kennen. Omdat hij geen hulp vond in de geschriften, ging hij naar een eenzame plek ver van de mensenmassa's, waar hij een kluizenaarshut bouwde om zich volledig te wijden aan het realiseren van de volledige kennis van God. De kluizenaar, die weinig verlangens had, wijdde de hele dag en nacht aan het verwezenlijken van het enige verlangen van zijn hart. Dagen en maanden gingen voorbij, maar hij kon niets van God begrijpen. Jaren gingen voorbij maar de volhardende en toegewijde kluizenaar bleef even onwetend als tevoren. Zijn jeugd ging voorbij en grijze haren begonnen tussen zijn lange bruine lokken te verschijnen en nog steeds bleef het probleem onopgelost zoals tevoren.

Op een dag liep hij op het strand met een sombere en terneergeslagen blik. Hij dacht aan zijn niet succesvolle strijd en overwoog of hij de poging zou opgeven of niet. Toen viel zijn oog op een kleine jongen op enige afstand voor hem aan de rand van het water die ergens mee bezig was. Hij dacht dat een kind van een visser daar was achtergelaten door zijn vader, die misschien de zee op was gegaan om vis te vangen. Maar omdat hij er niet gerust op was waarom de vader zo'n klein kind mee van huis zou nemen en hem daar alleen achterlaten, ging hij naar het kind om ernaar te informeren. Het kind had zijn komst echter niet in de gaten, want hij was heel druk bezig met het gooien van zeewater op het zand met zijn kleine handen. Door dat ongewone spektakel was de nieuwsgierigheid van de wijze tot het uiterste gewekt en hij begon de jongen te vragen wie hij was, waarom hij op die manier water gooide, waar zijn vader heen was en andere zaken. Maar de jongen had geen tijd om erop te reageren, zo ging het kleine ventje op in zijn ogenschijnlijk vruchteloze werk. Uiteindelijk antwoordde de jongen, die niet langer gestoord wilde worden, luid en duidelijk: 'Mijnheer, ik heb geen tijd om met u te praten. Kunt u niet zien dat ik al het water van deze oceaan weg moet gooien en hem zo droog moet maken?'

'Ben je gek?' vroeg de wijze. 'Jij, kleine stakker, wil deze onbegrensde oceaan helemaal droogleggen? Alle mensen samen zouden er nooit over denken om te proberen dat te doen.'

'Waarom mijnheer, antwoordde het kind, is het voor mij onmogelijk om deze oneindige oceaan droog te leggen zodat ik kan zien wat er verborgen ligt in zijn diepte, als het voor u wel mogelijk is om de oneindige diepte van God te ontdekken?'

Hiermee verdween het kind uit het zicht en was nergens meer te zien. Maar zijn zoete woorden die toegang tot het hart van de pandit hadden gevonden, resoneerden voortdurend in zijn oren en vervulden hem met onuitsprekelijke vreugde. Vanaf die dag gaf hij zijn ijdele zoektocht op en in plaats van God proberen te kennen, begon hij hem lief te hebben.

HOOFDSTUK DRIE

Onthechting

Zij die Amma's boeken hebben gelezen, zullen opgemerkt hebben dat Amma veel belang hecht aan onthechting. We krijgen misschien het gevoel dat Amma iedereen vertelt dat ze *brahmachari's* (celibatairen) of *sannyasi's* (monniken) moeten worden. Feitelijk is dat niet zo. Maar ze wil wel dat we vredig proberen te blijven ongeacht de omstandigheden die het lot ons brengt. Voor de meesten onder ons is elke kleine verstoring thuis of op het werk genoeg om ofwel bezorgd of boos te worden. We denken misschien dat dit heel gewoon is omdat iedereen hetzelfde doet. Maar Amma zegt dat er het niet nodig is om rusteloos of ellendig te worden als de omstandigheden veranderen of als zaken niet gaan zoals wij dat wensen of als mensen zich niet gedragen op een manier zoals wij zouden willen. Ze zegt dat we niet zo afhankelijk moeten zijn van uiterlijke dingen of mensen om gelukkig te zijn. Er is een unieke bron van geluk in de geest van ieder levend wezen, maar die is niet manifest; het is zoals boter in melk. We moeten eraan werken om die schat te krijgen. Maar als we daarin slagen, zal niets, zelfs ziekte en de dood niet, die weg kunnen nemen. Die permanente innerlijke kalmte is de echte vrucht van spiritualiteit.

Een domme koning klaagde dat de ruwe grond pijn deed aan zijn voeten, dus beval hij om het hele land te bekleden met koeienhuid. De hofnar lachte toen de koning hem over zijn bevel vertelde. 'Wat een volkomen idioot idee, uwe majesteit,' riep hij.

'Waarom al deze onnodige uitgaven? Snij alleen maar twee kleine stukken koeienhuid om uw voeten te beschermen!' De verlichten weten dat om van de wereld een pijnvrije plaats te maken je je hart moet veranderen, niet de wereld.

Er was eens een prins in het oude India die Sri Rama heette. Zijn levensverhaal wordt de Ramayana genoemd en heeft eeuwigheidswaarde voor ieder mens die streeft naar blijvend geluk en vrede. Hij was de favoriet van de onderdanen en van zijn vader, de koning. De koning besloot hem tot prins-regent te benoemen, de troonopvolger. Toen Rama het nieuws werd verteld, glimlachte hij vriendelijk. De avond voor de inhuldigingsceremonie stond de andere vrouw van de koning, Rama's stiefmoeder, erop dat de koning haar zoon tot troonopvolger zou benoemen en dat Rama voor veertien jaar naar het woud verbannen zou worden. Met angst en beven werd Rama de volgende ochtend van het besluit op de hoogte gesteld, de dag van zijn kroning. Vriendelijk glimlachend trok hij zich blij terug in het woud en zei dat hij heel erg gelukkig was dat hij zoveel tijd in de Natuur en met de wijzen in hun ashrams in het woud kon doorbrengen. Hij was niet in de wolken over wat plezierig was noch was hij ellendig door het onplezierige. Hij was gelijkmoedig.

Kijk naar Amma's leven. Ze heeft zoveel obstakels en moeilijkheden onder ogen gezien. Ze is nooit weggelopen voor zelfs de meest uitdagende omstandigheden of verantwoordelijkheden. Zij is echt de Goeroe van iedereen. Ze weet uit eerste hand wat lijden is. Tegenwoordig heeft Amma niet dezelfde problemen. Zij is zeer bekend en wordt gerespecteerd in India. Maar nu heeft ze talrijke verantwoordelijkheden. Er zijn weeshuizen, ziekenhuizen, scholen, computerinstituten, universiteiten, ashrams en tempels. Er zijn ook honderdduizenden toegewijden over de hele wereld die haar leiding en bescherming verwachten. Toch straalt Amma ondanks dit alles te allen tijde vrede uit. Die vrede is onveranderlijk en blijvend, wat er om haar heen ook gebeurt.

Hoe is Amma in staat om dit allemaal te doen zonder geagiteerd te raken? Omdat ze niets als haar eigendom beschouwt. Ze beschouwt alles als van God. Dat impliceert geen onverschilligheid maar eerder onthechting. Amma doet alles zo volmaakt mogelijk, als een vertrouwelinge van het Goddelijke, maar ze neemt onmiddellijk waar dat alles Zijn Wil is. We kunnen alleen instrumenten zijn.

Gelijkmoedige emoties door onthechting

Er was eens een bedelaar in de oude Indiase stad Ayodhya. Hij woonde langs de kant van de weg in een hut gemaakt van jute zakken en kwam aan zijn kost door van winkel naar winkel te trekken om bij de kooplieden om een paar muntjes te bedelen. Hij had een oud roestig blik bij zich waar plantaardige olie in had gezeten en dat hij op een vuilnishoop had gevonden. Een paar winkeliers hadden medelijden met de man en gaven hem regelmatig een paar munten als hij langskwam. Ze noemden hem de bedelaar met het olieblik. Hij schonk hun zijn zegen en was blij als hij genoeg kreeg om wat eten te kopen. Maar anderen wilden niet door hem lastiggevallen worden en scholden hem uit en jaagden hem weg. Hij voelde zich neerslachtig in die situaties en vervloekte degenen die hem wegstuurden. Zo leidde hij een ellendig leven van ups en downs.

Toen hij op een dag zijn ronde deed, reed er een auto voor en vier mensen in uniform stapten uit. Ze liepen naar de bedelaar, die door angst overmand de benen nam. Ze gingen hem fanatiek achterna en uiteindelijk kregen ze hem tot zijn verdriet te pakken. Hij smeekte hun om hem te laten gaan want hij had niemand kwaad gedaan en niets gestolen. Toch schonken ze geen aandacht aan zijn woorden en duwden hem de auto in. Hij wist niet wie ze waren of wat ze van hem wilden. Hij voelde dat hij in ieder geval geluk had dat hij geen pak slaag kreeg en dus hield hij zich rustig.

Spoedig kwamen ze bij een paleis aan en stapten uit. Ze namen hem mee een kamer in, namen zijn roestige blik en versleten vodden mee en na hem in geparfumeerd water gebaad te hebben, kleedden ze hem in koninklijke gewaden. Ze leidden hem vervolgens de eetzaal binnen en voorzagen hem van een heerlijke maaltijd zoals hij zijn hele leven nog nooit had gehad. Toen hij de zaal uit kwam, herinnerde hij zich zijn olieblik en probeerde naar de badkamer te gaan waar het was achtergelaten, maar de bedienden versperden de doorgang. Geïrriteerd zei hij: 'Ach, waarom hebben jullie mijn enige bezit afgenomen? Ik stel het heerlijke maal dat jullie me gegeven hebben en de mooie kleren zeer op prijs, maar ik wil nu gaan. Geef me daarom mijn vodden en het olieblik ogenblikkelijk terug zodat ik kan vertrekken.' De bedienden zeiden: 'Mijn goede man, er staat je een verrassing te wachten. Je dagen van geluk zijn aangebroken. Als je je nog even kunt beheersen, zul je begrijpen waarom we je zo behandelen.' Ze leidden hem toen de hofzaal binnen waar iedereen opstond en voor hem boog.

De bedelaar was verrast. Hij dacht dat hij droomde. Hij sprak hen toe: 'Mijne heren, ik weet niet waarom jullie voor me buigen, maar jullie maken me gek door deze wijze van behandeling.' De premier zei: 'Majesteit, u bent de troonopvolger. Eert u ons alstublieft door nu op de troon te gaan zitten.' De bedelaar zei: 'Jullie hebben het mis, ik ben slechts een bedelaar. Deze mensen hebben mij onder dwang hierheen gebracht. Ik ben jullie koning niet; laat me daarom naar mijn eigen plek teruggaan.'

De ministers zeiden: 'Uwe hoogheid, u kent uw eigen afkomst niet. U bent de rechtmatige troonopvolger. Toen onze koning

zonder kinderen stierf, probeerden we zijn opvolger binnen de
koninklijke familie op te sporen. Na een grondig onderzoek ontdekten we dat een ver familielid van de koning, toen hij door het
woud trok met zijn vrouw en enig kind, werd opgewacht door een
paar rovers en samen met zijn vrouw werd omgebracht. Alleen het
kind werd gespaard en aan zijn lot overgelaten. Het kind had een
moedervlek op zijn linkeroor en een litteken op zijn rechtervoet.
Een paar dagen later kwam de koning achter de moordpartij
en deed uitgebreid onderzoek om het kind te vinden, maar dat
leverde niets op. Toen de koning onlangs stierf, hebben wij ook
uitgebreide pogingen ondernomen om de opvolger te vinden en
alle aanwijzingen leidden naar u. Wij zijn zeer fortuinlijk dat het
enig overgebleven lid van de koninklijke lijn weer bij ons terug
is. Alstublieft, verwaardigt u zich om ons aanbod te accepteren
en regeer over dit land met rechtvaardigheid.'

Jaren gingen voorbij en de koning heerste blijmoedig over
het koninkrijk. Toen hij op een dag door het paleis wandelde,
merkte hij een gesloten kast op die hij niet eerder had gezien. Hij
vroeg om de sleutel en opende hem toen. Het enige wat hij zag
was zijn oude olieblik en versleten vodden. Hij kreeg een grappig
idee. Hij deed de kast op slot en hield de sleutel. De volgende dag
nam hij het blik en de oude kleren en stopte ze in een oude koffer.
Toen vroeg hij zijn chauffeur om de auto voor te rijden en gaf
hem de rest van de dag vrij. De koning stapte in de auto met zijn
koffer en reed naar de stad waar hij gewoon was te bedelen. In
de buitenwijken stopte hij, stapte uit en verkleedde zich. Terwijl
hij door de straten liep met het olieblik in zijn hand, deed de tot
koning veranderde bedelaar zijn oude rondes. Een paar mensen
herkenden hem als de bedelaar van vele jaren geleden en gaven
hem een paar munten. Anderen beledigden hem en jaagden hem
weg. Toch voelde hij zich noch opgetogen door het ene noch

ontmoedigd door het andere. Hij wist dat hij in werkelijkheid de koning van het land was. Na een dag bedelen keerde hij terug naar het paleis en hervatte zijn plichten als koning.

Dit is de staat van iemand die volmaaktheid heeft bereikt. Hij heeft zijn geest overwonnen en leidt een evenwichtig bestaan. Hij weet dat hij Oneindige Gelukzaligheid is en wordt niet beïnvloed door het plezier en het lijden van levenservaringen. Zijn ogenschijnlijke vreugde en zorgen zijn slechts oppervlakkige golven die de eeuwige kalmte van zijn echte Zelf passeren. Hij heeft elke omstandigheid gebruikt om zichzelf sterker en sterker in die onwankelbare staat te brengen. Dat is het doel dat Amma ons voorhoudt. Zij schijnt als een volmaakt voorbeeld van wat ze onderwijst.

HOOFDSTUK VIER

Eenheid met God

Tienduizenden mensen van alle leeftijden en uit alle lagen van de bevolking vanuit de hele wereld komen om Amma te zien. En hoewel iedereen met een ander verlangen, wens, behoefte of angst komt, laat ze uiteindelijk iedereen hetzelfde doel zien: de verwezenlijking van voortdurend geluk. Haar aanwezigheid en het contact met haar geeft ons een glimp, een flauw schijnsel van die gelukzaligheid.

Amma zal de meeste van onze verlangens vervullen als ze denkt dat ze op lange termijn goed voor ons zijn, maar uiteindelijk wil ze dat we uitstijgen boven het vervullen van verlangens en ook onze angsten loslaten om de gelukzalige toestand van samadhi te bereiken. In feite weet ze dat ieder van ons, wie we ook zijn, dat sublieme niveau van bewustzijn kan bereiken. Ze ontmoedigt niemand in het nastreven van wereldlijke doelen, maar zegt dat uiteindelijk alleen samadhi de dorst van de ziel kan lessen. We denken misschien dat het bereiken van zo'n staat een onmogelijkheid is voor de meesten van ons. We zijn tevreden met onze menselijke staat. Een beetje plezier en niet teveel zorgen is genoeg voor ons. Maar Amma zegt dat we één zijn met God, de Oceaan van Gelukzaligheid, hoewel we het nu niet voelen. Haar missie in het leven is om ons te doen ontwaken voor deze waarheid, hoelang het ook mag duren. Ze ziet Goddelijkheid in ons evenals een beeldhouwer een prachtig beeld ziet in een stuk steen.

In haar lied *Ananda Veethi* vertelt Amma ons duidelijk over haar missie die de Goddelijke Moeder haar gaf:

Op een dag lang geleden danste mijn ziel in vreugde over het pad van gelukzaligheid. In die tijd renden alle innerlijke vijanden zoals aantrekkingskracht en afkeer weg en verborgen zich in het diepst van mijn geest.

Terwijl ik mijzelf vergat, smolt ik samen in een gouden droom die van binnenuit opkwam. Edele aspiraties manifesteerden zich helder in mijn geest.

De Goddelijke Moeder van het Universum streelde mijn hoofd met stralende zachte handen. Ik stond respectvol met gebogen hoofd en vertelde de Goddelijke Moeder dat mijn leven aan Haar is toegewijd.

Vandaag sidder ik van gelukzaligheid als ik me herinner wat Moeder zei. O Zuiver Bewustzijn, belichaming van Waarheid, ik zal acht slaan op Uw woorden!

Glimlachend werd Ze een goddelijke schittering en ging in mij op. De gebeurtenissen van miljoenen voorbije jaren kwamen in mij op.

Moeder vertelde me om de mensen te vragen het doel van hun menselijk leven te vervullen. Mijn geest bloesemde, baadde in het rijk geschakeerde licht van goddelijkheid.

Vanaf die dag was ik niet in staat om wat dan ook als verschillend of afgescheiden van mijn eigen innerlijke Zelf waar te nemen; alles was een enkele Eenheid. Samensmeltend met de Goddelijke Moeder deed ik afstand van alle vormen van genot.

'O mens, ga op in je Zelf!' Deze sublieme waarheid die Moeder sprak, verkondig ik aan de hele wereld.

Moge dit bescherming en troost bieden aan hen die overbelast zijn door veel leed.

Duizenden en duizenden Yogi's zijn in Bharat (India) geboren en hebben volgens deze principes geleefd die door de grote Wijzen uit de oudheid zijn gevisualiseerd. Om het verdriet van de mensheid te verwijderen zijn er diepe waarheden. 'Mijn lieve kind, laat alles los; kom bij Mij, je bent altijd van Mij.

Hoewel Amma's advies ver van ons verwijderd lijkt, moeten we voortgaan op de pelgrimstocht van het leven met vertrouwen in haar, terug naar de gelukzalige staat van eenheid met het Goddelijke. Meer dan wat dan ook is vertrouwen de kracht die dit mogelijk zal maken.

De rups en de vlinder

'Ik wil u graag inhuren als verpleegster voor mijn arme kinderen,' zei een vlinder tegen een stille rups die op een koolblad wandelde. 'Zie je deze kleine eitjes?' vervolgde de vlinder. 'Ik weet niet hoe lang het zal duren voordat ze tot leven komen en ik voel me erg ziek. Als ik kom te sterven, wie zal er dan voor mijn babyvlinders zorgen als ik er niet meer ben? Wil jij, aardige, milde, groene rups dat voor me doen? Ze kunnen uiteraard niet van jouw rauwe voedsel leven. Je moet ze ochtenddauw en honing van de bloemen geven en je moet hen in het begin slechts even rond laten vliegen. Lieve hemel! Het is jammer dat je zelf niet kunt vliegen. Goeie genade! Ik kan niet bedenken wat me bezielde om eitjes op een koolblad te leggen. Wat een plek voor jonge vlinders om geboren te worden. Hier, neem deze goudstof van mijn vleugels als beloning. Ach, wat ben ik in de war! Rups, zul je dit over het voedsel onthouden...'

En met deze woorden raakten de vleugels van de vlinder verlamd en stierf ze. De groene rups die niet eens de gelegenheid had gehad om 'ja' of 'nee' te zeggen, bleef achter naast de eitjes van de vlinder. 'Ze heeft inderdaad een mooie verpleegster uitgezocht, arme vrouw!' riep de rups uit. 'En wat een mooie klus heb ik nu. Waarom heeft ze ooit zo'n arm kruipend schepsel als mij gevraagd om haar tere kleintjes groot te brengen. Ik weet zeker dat ze aan me zullen denken als zij de vleugels op hun rug voelen en bij mij weg kunnen vliegen!'

De arme vlinder was echter dood en de eitjes lagen op het koolblad. De groene rups had een warm hart dus besloot zij om haar best te doen. 'Twee weten meer dan één' zei ze. 'Ik zal een wijs dier over deze zaak raadplegen.' Toen dacht ze na en dacht na en uiteindelijk dacht ze aan de leeuwerik. Omdat hij zo hoog vloog en niemand wist waarheen hij ging, veronderstelde ze dat hij erg slim moest zijn en veel wist.

In het naburige korenveld woonde een leeuwerik. De rups zond een boodschap naar hem en smeekte hem om met haar te komen praten. Toen hij kwam, vertelde ze hem al haar zorgen en vroeg hem hoe ze de kleine vlindertjes te eten moest geven en op moest voeden.

'Misschien kun je eens informeren en iets te weten komen als je de volgende keer weer de hoogte in gaat,' zei de rups timide.

Eindelijk liet de stem van de leeuwerik zich weer horen. De rups sprong bijna omhoog van blijdschap. Het duurde niet lang voordat zij haar vriend op het koolblad zag landen. 'Nieuws, nieuws vriend rups!' zong de leeuwerik, 'maar je zult me waarschijnlijk niet geloven. Ten eerste zal ik je vertellen wat die kleine schepselen moeten eten. Wat denk je dat het is? Raad eens!' 'Dauw en honing van de bloemen vrees ik,' zuchtte de rups. 'Niets van dat alles mijn vriend', riep de leeuwerik uit. 'Je moet ze voeden met koolbladeren!' 'Geen sprake van' zei de rups gepikeerd. 'Het was hun moeders laatste wens dat ik hen moest voeden met dauw en honing.'

'Hun moeder wist hier niets van', antwoordde de leeuwerik. 'Maar waarom vraag je het me en geloof je vervolgens niet wat ik zeg? Je hebt geen geloof of vertrouwen. Wat denk je dat die kleine eitjes zullen worden?'

'Vlinders, natuurlijk,' zei de rups.

'Rupsen,' zong de leeuwerik. Je zult er later achter komen.' En de leeuwerik vloog weg.

'Ik dacht dat de leeuwerik wijs en aardig was,' zei de rups in zichzelf, terwijl hij opnieuw rond de eitjes begon te lopen, 'maar ik denk dat hij juist stom en brutaal is. Misschien is hij deze keer te hoog gegaan.'

De leeuwerik kwam nog een keer naar beneden en zei: 'Ik zal je iets anders vertellen. Je zult op een dag zelf een vlinder zijn.'

'Ellendige vogel', riep de rups. 'Je maakt me belachelijk. Je bent nu zowel wreed als dom! Ga weg! Ik zal je geen raad meer vragen.'

'Ik zei je dat je me niet zou geloven,' riep de leeuwerik.

'Ik geloof alles wat redelijk is, maar mij vertellen dat de eitjes van een vlinder rupsen zijn en dat rupsen in het begin kruipen en vleugels krijgen en vlinders worden. Leeuwerik! Je gelooft zulke onzin toch zelf niet? Je weet dat dat onmogelijk is. Kijk naar mijn lange, groene lichaam en vele pootjes en vertel me dan dat ik vleugels krijg! Idioot!'

'Ach rups,' riep de verontwaardigde leeuwerik, 'wat van boven komt accepteer ik met vertrouwen.'

'Wat bedoel je daarmee?' vroeg de rups. 'Heb vertrouwen,' antwoordde de leeuwerik.

'Hoe moet ik vertrouwen leren," vroeg de rups.

Op dat moment voelde ze iets naast zich. Ze keek om zich heen en zag acht of tien kleine groene rupsen bewegen die al een gat in het koolblad hadden gemaakt. Ze waren uit de eitjes van de vlinder gekropen. Schaamte en verwondering vulden het hart van de rups, maar vreugde volgde spoedig. Want als het eerste wonder mogelijk was, dan zou het tweede ook mogelijk zijn.

Ze had de les over vertrouwen van de leeuwerik geleerd en toen ze zich inspon, zei ze: 'Ik zal op een dag een vlinder worden'!

Maar haar familieleden dachten dat ze gek was geworden en zeiden: 'Arme ziel!'

In de *Bhagavad Gita* staat:

Het geloof van ieder is in overeenstemming met zijn aard, O Bharata. De mens is gemaakt van zijn geloof; zoals zijn geloof is, zo is hij.

– Hoofdstuk 17, vers 3

Hij die volledig vertrouwen heeft, die toegewijd is en de zintuigen heeft beteugeld, verkrijgt wijsheid. Als hij wijsheid verkregen heeft, zal hij weldra Opperste Vrede bereiken.

– Hoofdstuk 4, vers 39

Als onze inspanningen en Amma's genade vrucht dragen, wat zal onze ervaring dan zijn? Luister naar de woorden van een *mahatma* die de waarheid van zijn wezen realiseerde.

Ik ben noch een mens, noch een god, noch een brahmachari, gezinshoofd of monnik; ik ben slechts zuiver Gewaarzijn.

Zoals de zon alle bewegingen in de wereld in gang zet zo zorg ik, het eeuwig aanwezige bewuste Zelf, dat de geest in actie komt en de zintuigen functioneren.

Alleen de ogen die worden geholpen door de zon, zijn in staat objecten te zien, anderen niet. De Bron waaruit de zon zijn kracht haalt is mijn Zelf.

Net zoals de weerkaatsing van de zon op golvend water gebroken lijkt, maar volmaakt is op een kalm oppervlak, zo ben ik, het bewuste Zelf, ook onherkenbaar in opgewonden intellecten hoewel ik helder schijn in degenen die kalm zijn.

Zoals een transparant kristal de kleur van zijn achtergrond aanneemt, maar op geen enkele manier daardoor verandert, en zoals de onveranderlijke maan in beroering lijkt als hij wordt gereflecteerd op golvende oppervlakten, zo gaat het met mij, de alles doordringende Opperste Werkelijkheid.

– Hastamalaka Stotra

Dit is de ervaring van Zelfverwerkelijking.

HOOFDSTUK VIJF

Kinderlijke onschuld voor de Goeroe

A mma legt sterk de nadruk op het belang van kinderlijke onschuld in het spirituele leven. Christus zei ook iets vergelijkbaars:

> Tenzij jullie als kleine kinderen worden, zullen jullie het Koninkrijk Gods zeker niet binnengaan. Hij die zich zoals dit kleine kind nederig opstelt, is de grootste in het Koninkrijk Gods. Laat de kleine kinderen tot Mij komen en verbied hen niet, want hun behoort het Koninkrijk Gods.

Het Koninkrijk Gods is niet een plek boven de wolken. Het is de toestand van Godsbewustzijn. Het is misschien ook een feitelijk niveau van bewustzijn waar verlichte zielen verblijven.

Probeer je te herinneren dat je een kind was. Wat was het belangrijkste verschil tussen toen en nu? Kinderen geloven in hun onschuld alles en hebben geen zorgen. Ze leven in het heden. Hun negatieve gevoelens duren slechts een moment. Zij zijn vol leven en zien alles om zich heen vol van leven. Hun ideeën over God zijn op zijn zachtst gezegd verfrissend en onschuldig.

Het beeld van God door de ogen van een zesjarige

'Een van de belangrijkste taken van God is mensen te maken. Hij maakt ze om degenen die dood gaan, te vervangen zodat er voldoende mensen zijn die zorgen voor de zaken hier op aarde. Hij maakt geen volwassenen, hij maakt alleen baby's. Ik denk omdat ze kleiner zijn en gemakkelijker te maken. Op die manier hoeft hij zijn kostbare tijd niet te gebruiken om hen te leren lopen en praten. Hij kan dat gewoon overlaten aan de moeders en vaders. Ik denk dat dat behoorlijk werkt.

Gods tweede belangrijke taak is om naar gebeden te luisteren. Een enorme hoeveelheid hiervan vindt plaats, omdat sommige mensen zoals predikanten en dergelijke, op andere tijdstippen bidden dan voor het slapen gaan en oma en opa bidden elke keer als ze eten, behalve als het snacks betreft. God heeft daarom geen tijd om naar de radio te luisteren of naar de tv te kijken. Omdat God alles hoort, moet er een vreselijk kabaal in zijn oren klinken, tenzij hij een manier heeft bedacht om het zachter te zetten.

God ziet en hoort alles en is overal en dat houdt hem behoorlijk bezig. Dus je moet zijn tijd niet verspillen door onbelangrijke dingen te vragen, of je ouders passeren door iets te vragen waarvan zij hebben gezegd dat je het niet mocht hebben. Zo werkt het toch niet.'

The Joyful Newsletter

Als we bij een gerealiseerde meester zoals Amma komen, zal ze veel moeite doen om onze onschuldige kant te laten zien. Hoe worden we onschuldig? Het is niet zo dat we het niet zijn. Het is er, maar verborgen achter een façade van boosheid, trots, lust, ambitie en andere eigenschappen van 'volwassenen'. Deze eigenschappen moeten verwijderd worden om onschuld te laten schijnen. De zon is er altijd, zelfs op de dichtstbewolkte dag. Onschuld is onze ware aard; we zijn echt kinderen van God, maar we zijn onbedoeld kinderen van 'de mens' geworden. Amma's leven is bedoeld om ons te doen ontwaken tot onze ware aard. In feite verkrijgen we meer onschuld door alleen maar wat tijd bij haar door te brengen. Haar aanwezigheid is zoals de zon, die vocht opdroogt. Hij droogt onze negatieve aard op om ons 'innerlijke kind' naar buiten te brengen. We ervaren opluchting en een verfrissend gevoel als we bij haar zijn.

Amma weet dat bij haar zijn slechts het begin vormt van het herwinnen van onze onschuld. Ze zal persoonlijk aan ons werken als we fysiek bij haar zijn en zelfs als we niet bij haar zijn. Ons leven zal zo worden dat we onze geest zuiveren van die eigenschappen die het verbergen. We hebben het gif van negativiteit ingeslikt. Het moet uitgespuwd worden zodat zuiverheid kan schijnen. Als we iemand willen laten overgeven, laten we hem veel zout water drinken of we steken een vinger in zijn keel. Evenzo zal Amma situaties in ons leven creëren die het slechtste in ons naar boven brengen, zodat het beste daarna kan stralen. We denken misschien dat onze boosheid, lust, trots of pech juist sterk is toegenomen nadat we haar ontmoet hebben. We dachten dat we naarmate de tijd verstrijkt, steeds gelukzaliger zouden worden door onze omgang met Amma, maar wat is er gebeurd? Als we iets uitspuwen dat ons ziek maakt, voelen we ons aanvankelijk vreselijk. Daarna zullen we herstellen. Het stadium van lijden dat we door Amma's genade ervaren, zal op een dag over zijn en zal plaatsmaken voor gelukzaligheid. Dit is een spiritueel principe: eerst lijden dan gelukzaligheid. Zoals een moeder de hand van haar kind vasthoudt als hij leert lopen, zal Amma haar alomtegenwoordige Oog van Wijsheid op haar kinderen gericht houden als ze ploeteren op het pad naar spirituele verwerkelijking. Ze zal haar plicht voor ons vervullen, maar ons vertrouwen mag niet wankelen.

Amma neemt ons mee naar een toestand van een niet in kaart gebracht territorium. Niemand kan precies zeggen welk pad een vogel in de lucht of een vis in de zee gevolgd heeft. Echte spiritualiteit lijkt daarop. Het pad is subtiel en voor iedereen anders. Het is niet in boeken te vinden en kan niet geleerd worden behalve door de genade van een mahatma. In wezen bestaat het uit de overgave van het ego, het valse besef van individualiteit, aan de wil van God en de Goeroe. Dit zal ons naar het doel leiden dat de Meester ons voorhoudt.

Natuurlijk lijkt dit proces door onze moderne opvoeding tegen onze intuïtie in te gaan. De huidige cultuur leert ons om de persoonlijkheid steeds sterker te maken. We moeten ons afvragen of dit echt de manier is om vredig en gelukkig te worden, omdat er zonder vrede geen geluk kan zijn.

Eén manier om dit proces voor te stellen is om jezelf als een golf in de oceaan te beschouwen. De oceaan is God en de golf is een manifestatie van de oceaan. Hij is er nooit van afgescheiden maar lijkt een individueel bestaan te hebben. De diepten van de oceaan zijn kalm, maar de golf is in een constante toestand van beweging en rusteloosheid. Als de golf vlak onder de oppervlakte zou kunnen zakken, zou hij zijn eenheid met de uitgestrekte oceaan kunnen ervaren en de oceaan worden.

Een test van de Goeroe

Bhai Gurudas was de oom en toegewijde leerling van de Sikh Goeroe Arjan. Hij componeerde eens de volgende coupletten en las ze voor aan de Goeroe:

Als een moeder zondigt, is het niet aan haar zoon om haar te straffen;

Als een koe een diamant inslikt, mag haar maag niet opengesneden worden;

Als een echtgenoot ontrouw is, mag de vrouw hem nooit nadoen of haar kuisheid verliezen.

Als een vrouw uit een hogere kaste aan de wijn gaat, mogen mensen daar geen kwaad over spreken;

38

Als de Goeroe zijn leerling test, mag het vertrouwen van de leerling niet wankelen.

Goeroe Arjan luisterde aandachtig toen Gurudas voorlas. Toen hij klaar was, dacht de Goeroe: 'Al deze zaken zijn gemakkelijker gezegd dan gedaan. Laat me zijn geloof testen.' Hij wendde zich tot Gurudas en zei: 'Oom, ik moet een paar paarden kopen in Kabul. Zou u dit voor mij kunnen doen?'

'Waarom niet? Natuurlijk,' antwoordde Gurudas.

Vervolgens vulde de Goeroe meerdere tassen met gouden munten. Gurudas telde ze, verzegelde toen de tassen en stopte ze in sterke houten kratten. Deze werden op de ruggen van de muilezels geladen en samen met een aantal leerlingen begon hij aan de lange zware reis van Lahore, waar de Goeroe verbleef, naar Kabul. Ze staken de Khyberpas over en na enige tijd bereikten ze Kabul in het gebergte van Hindu Kush.

Op de grote paardenmarkt van deze oude stad onderhandelde Gurudas met de paardenhandelaren en kocht ten slotte de beste paarden die hij kon vinden. Deze werden door de andere leerlingen meegenomen die ze langzaamaan naar Lahore moesten brengen. Intussen vroeg Gurudas de paardenhandelaren naar zijn tent te komen om hen te betalen. Hij liet ze buiten wachten en ging de tent in om het goud te halen.

Toen hij een paar kisten openmaakte, pakte hij de benodigde zakken maar voelde dat er iets mis was. Hij opende alle zakken en tot zijn schrik ontdekte hij dat alle zakken waren gevuld met kiezelstenen in plaats van goud. Hij was nu buiten zichzelf van angst omdat hij de wreedheid van de paardenhandelaren kende. 'Ze staan hier buiten de tent te wachten tot ik ze zal betalen en als ik dat niet doe, zullen ze me in stukken hakken,' dacht hij. Hij pijnigde zijn hersenen en besloot uiteindelijk dat de enige kans op ontsnapping was om de achterkant van de tent open te snijden en door het gat te verdwijnen. Hij bad niet eens tot zijn Goeroe om help; hij was zo enorm bang. Hij sprong door het gat, ging ervandoor en liep weg zo snel hij kon. Te beschaamd om zijn Goeroe onder ogen te komen ging hij naar Lahore en vandaar op weg naar Kashi, honderden kilometers naar het oosten.

Intussen gingen de andere leden van zijn groep de tent in om te zien waarom hij er zo lang over deed om de paardenhandelaren te betalen. Toen ontdekten ze dat alle kisten open waren en gevuld met goud maar er was geen teken van Gurudas. Ze zagen ook het gat in de achterkant van de tent. Ze betaalden toen de paardenhandelaren en gingen terug naar Lahore waar ze Goeroe Arjan alles vertelden over wat er was gebeurd.

Nadat Gurudas zich in Kashi had gevestigd, begon hij de grote waarheden van de geschriften in het openbaar te verklaren en trok spoedig een grote menigte aan. Uiteindelijk kwam zelfs de Gouverneur van Kashi langs en bewonderde zijn wonderschone lezingen.

Na een paar maanden stuurde Goeroe Arjan een brief naar de Gouverneur van Kashi waarin hij schreef: 'Er is een dief van mij in Kashi en ik vraag u vriendelijk om hem gevangen te nemen, zijn handen vast te binden en hem naar mij te sturen. U hoeft niet ver te zoeken naar deze dief. Alleen al het voorlezen van deze brief op openbare plaatsen en religieuze bijeenkomsten zal hem tevoorschijn brengen en de dief zal zich bekendmaken als de brief wordt voorgelezen.'

Na enige tijd werd de brief voorgelezen waar Gurudas aan een grote menigte mensen een lezing gaf. Zodra hij de brief hoorde, stond hij op en zei: 'Ik ben de dief van de Goeroe.' Zijn toehoorders waren geschokt.

'U kunt geen dief zijn, want u bent een heilige. De dief moet iemand anders zijn,' zeiden ze.

40

Maar Gurudas stond erop: 'Nee, ik ben de dief. Er is geen twijfel mogelijk. Bind mijn handen vast zodat ik niet ontsnap.'

Niemand kwam naar voren om dit te doen, want het was ongehoord om een heilige vast te binden als een gewone schurk. Dus wikkelde Gurudas zijn turban af, sneed hem in tweeën en bond zijn eigen handen vast. Op die manier geboeid, ging hij blij op weg naar Lahore.

Toen hij eindelijk aankwam en voor de Goeroe stond, zei de Goeroe:

'Broeder, herhaal de coupletten die je me hebt voorgelezen voordat ik je vroeg om naar Kabul te gaan.'

Maar Gurudas die op de proef was gesteld en door enkele bittere ervaringen was gegaan om zijn liefde en geloof te testen, viel neer aan de voeten van de Goeroe en riep uit:

Als een moeder gif geeft aan haar zoon, wie is degene
die hem zal redden?

Als de opzichter inbreekt in het huis, wie kan het
dan beschermen?

Als een gids de reiziger misleidt, wie kan hem dan
op het rechte pad brengen?

Als het hek de gewassen begint te eten, wie kan die
dan beschermen?

Op dezelfde wijze, als de Goeroe zijn leerlingen test,
wie kan hem dan helpen om standvastig te blijven?

Alleen de *Satguru* kan door zijn spirituele kracht en genade de leerling in moeilijke omstandigheden standvastig en vol devotie laten zijn.

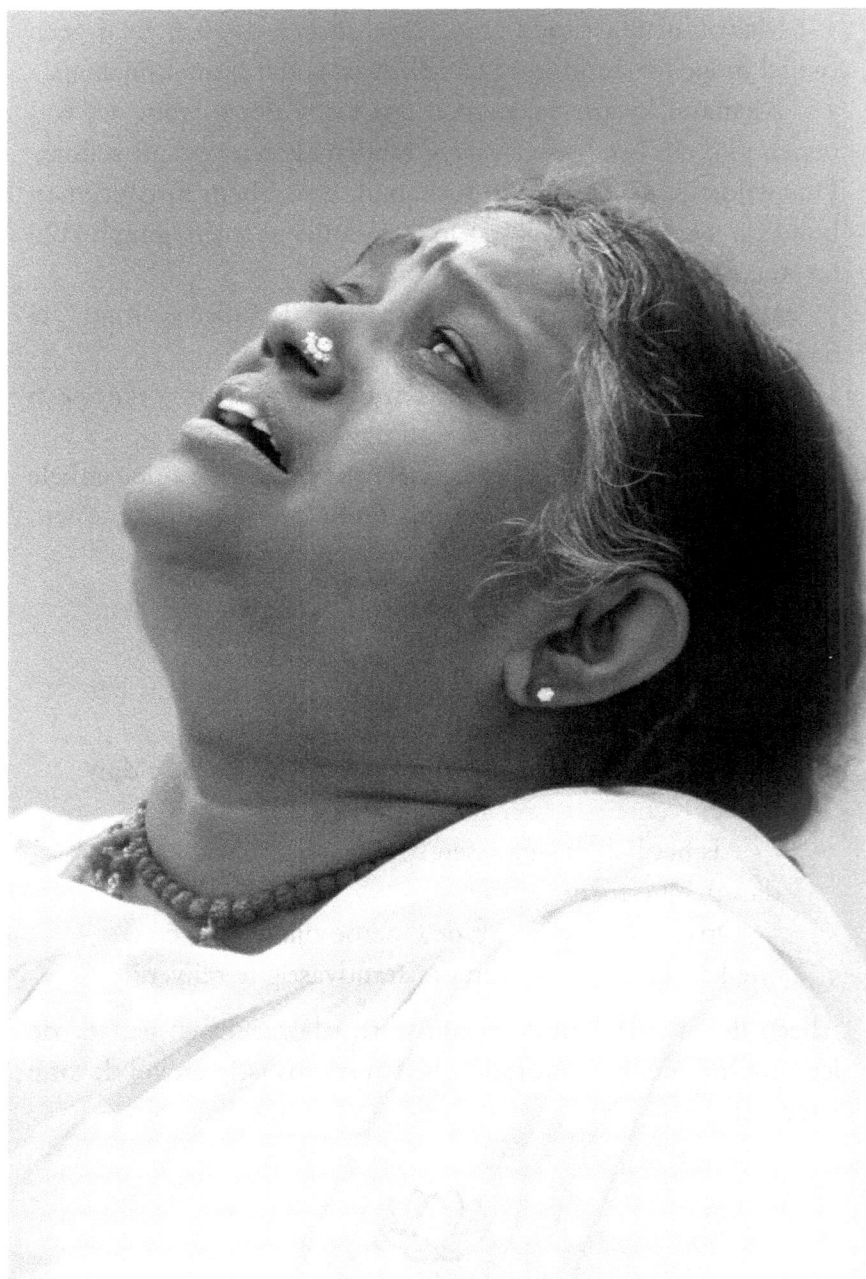

HOOFDSTUK ZES

Vriendelijkheid tegenover egoïsme

Amma zegt:

> Kinderen, als jullie ernaar verlangen Bevrijding te berei-
> ken, geef dan egoïsme op. Probeer te luisteren naar het
> verdriet van de bedroefden.

D e meesten onder ons weten niet wat er wordt bedoeld
met 'Bevrijding' in de betekenis die Amma eraan
geeft. Gewoonlijk betekent het vrijheid of bevrijding
van gevangenschap, slavernij of onderdrukking. Amma bedoelt
hetzelfde maar in de breedste zin van het woord, vrij zijn van alle
beperkingen van het individuele bestaan. Onze handen en voeten
zijn misschien niet geketend, we zitten misschien niet opgesloten
in een gevangenis of ruimte, maar onze geest zal zeker reageren
met aantrekking, afkeer of angst, wat resulteert in plezier, pijn of
angst afhankelijk van de omstandigheden. Velen kennen weinig
gemoedsrust en het volgende moment kan het kleine beetje dat
we hebben tenietdoen. Onze geest is rusteloos als een aap en
moet altijd beziggehouden worden. Anders vervelen we ons of
vallen in slaap.

Veronderstel dat we veel geld hebben geïnvesteerd in de aan-
delenmarkt. De Dow gaat hoger en hoger en we voelen ons blijer
en blijer. We zijn in de zevende hemel. Dan komt De Nederlandse
Bank met slecht nieuws en de markt daalt of misschien daalt de
aandelenkoers van ons bedrijf of de concurrentie gaat ermee aan

de haal. Misschien begint onze baas ons te irriteren. Voordat we de situatie kunnen herstellen, zijn we een deel van ons fortuin en gemoedsrust kwijt. We kunnen ons ellendig gaan voelen en maken ons constant zorgen. Dit gebeurt voortdurend om ons heen, hoewel we denken dat het ons niet zal gebeuren.

Vele jaren geleden kende ik een toegewijde die alles verloor toen de technologiebubbel barstte. Hoewel sommigen zelfmoord pleegden, was deze persoon in staat om gelijkmoedig van geest te blijven dankzij zijn sadhana en jaren van samenzijn met Amma. Het was een goed voorbeeld van de praktische voordelen van het volgen van Amma's onderricht over overgave en onthechting. Het is vreemd dat de gemiddelde mens zo'n techniek niet van zijn ouders of op school leert. Dit is één reden waarom Amma zegt dat er twee soorten opvoeding zijn: één om je brood te verdienen en de ander om te leren hoe je moet leven.

Zelfs triviale omstandigheden kunnen velen van ons van slag brengen. We hebben allemaal gehoord van agressie in het verkeer. Of misschien laat onze vrouw of echtgenoot, kind of vriend ons kokend van woede wachten. We schreeuwen misschien tegen degenen die ons maar een beetje laten lijden. Het leven wordt dan een hel voor iedereen, voor ons en iedereen die ons kent.

Een verhaal over het geheim van hemel en hel

Een oude Japanse monnik zat langs de weg in diepe meditatie met zijn ogen gesloten, zijn benen gekruist en zijn handen gevouwen in zijn schoot. Plotseling werd zijn meditatie onderbroken door de harde en veeleisende stem van een samuraistrijder. 'Oude man! Leer mij over hemel en hel!'

Aanvankelijk was er geen merkbare reactie van de monnik alsof hij het niet had gehoord. Maar langzamerhand gingen zijn ogen open waarbij de hoeken van zijn mond een zwak begin van een glimlach toonden terwijl de samurai daar ongeduldig stond te wachten en steeds bozer werd bij elke tel die voorbij ging.

'Je wil de geheimen van hemel en hel leren kennen?' antwoordde de monnik ten slotte. 'Jij die zo onverzorgd bent, van wie de handen en voeten bedekt zijn met een laag vuil, van wie de haren ongekamd zijn, de adem vies is, het zwaard verroest en niet onderhouden; jij die lelijk bent en door je moeder raar gekleed wordt. Jij wil me vragen over hemel en hel?'

De samurai slaakte een smerige vloek. Hij trok zijn zwaard en hield het hoog boven zijn hoofd. Zijn gezicht werd rood en de aderen in zijn nek zwollen vervaarlijk toen hij op het punt stond het hoofd van de monnik eraf te hakken.

'Dat is de hel,' zei de monnik vriendelijk, juist toen het zwaard naar beneden ging.

In die fractie van een seconde werd de samurai overmand door verbazing, ontzag, mededogen en liefde voor dit zachtaardige wezen dat zijn leven durfde te wagen om hem deze les te leren. Hij stopte zijn zwaard halverwege en zijn ogen vulden zich met tranen van dankbaarheid.

'En dat', zei de monnik, 'is de hemel.'

Door Maya, Gods Universele Kracht van Illusie, kijkt onze geest door de zintuigen naar buiten en doet ons geloven dat geluk buiten onszelf ligt. We proberen altijd onze innerlijke rusteloosheid en drang naar vrede en geluk te stillen door onze omstandigheden aan te passen om het maximale plezier eruit te halen en dat vast te houden. Tenzij we een zeldzaam onzelfzuchtig type zijn, worden we egoïstisch als we ons geluk ten koste van anderen proberen vast te houden. Dit is een zeer fragiel soort geluk dat elk moment kan verdwijnen, kan verdampen door gebrek aan goed geluk.

We hebben misschien een zekere graad van vrijheid, maar vaak gaan ondanks onze inspanningen de meeste dingen niet zoals we dat wensen. Als we uiteindelijk oud zijn, of zelfs al eerder, gaat onze gezondheid achteruit en sterven we. Als dat moment aanbreekt, kan geen dokter ons helpen. Het is geen aangenaam scenario. Het leven is vol beperkingen en eindigt met de dood.

Als Amma het heeft over het bereiken van Bevrijding, bedoelt ze het ontsnappen aan de noodzaak van alle toekomstige levens die we moeten ervaren, als we onze geest niet zuiveren. De energie van onze voortdurende zoektocht naar geluk stuwt ons voort door talloze levens totdat we gedesillusioneerd door dit alles onze geest naar binnen richten en ons Ware Zelf ontdekken, de bron van geluk, en daar altijd verblijven. Dat is Bevrijding, bevrijding van de ogenschijnlijk eindeloze cyclus van geboorte, dood en wedergeboorte, samsara. Dat is het verheven doel van deze pelgrimstocht van het leven die alle levende wezens afleggen.

Ons Zelf ervaren vereist van ons niet alleen dat we spirituele oefeningen doen zoals mantra japa, meditatie, devotioneel zingen en studie van de geschriften, maar dat we ook vriendelijkheid, geduld en mededogen ontwikkelen, met andere woorden onzelfzuchtigheid. Het ego of de individuele persoon met wie we ons abusievelijk vereenzelvigen, wordt geleidelijk aan gezuiverd en verruimt zich om onze Ware Aard te openbaren.

We denken dat we gelukkig zullen zijn als we egoïstisch zijn, maar we krijgen steeds weer opnieuw juist het tegenovergestelde resultaat. Dit is het spel van Maya. Deze zelfzuchtige houding sluit de lotus van ons hart. Iedereen heeft een hart, niet het bloedpompende orgaan maar de plaats in het lichaam waar we geluk en ellende ervaren. Als die dicht en duister is, voelen we geen geluk of vrede. Als hij een beetje open gaat, kruipt er een beetje licht naar binnen en voelen we ons blij en vredig. Hoe verder hij opengaat,

hoe gelukzaliger en vrediger ons leven wordt. Een volledig bloei-
ende lotus van het hart is hetzelfde als Zelfrealisatie. Negatieve
gedachten en daden zoals boosheid, ongeduld, egoïsme, wraak
enz. sluiten hem steeds meer. Positieve gedachten zoals genegen-
heid, geduld en onzelfzuchtigheid, zelfopoffering, vergeving en
delen openen hem. De grote wijze Patanjali adviseert ons hoe we
onze houding kunnen aanpassen zodat ons hart openblijft:

> Door het cultiveren van een houding van vriendelijkheid
> voor de gelukkigen, mededogen voor de ongelukkigen,
> vreugde voor de deugdzamen en door onverschilligheid
> tegenover de goddelozen behoudt de geest zijn onver-
> stoorbare kalmte.
>
> Yoga Sutra's van Patanjali, Hoofdstuk 1, vers 33

We kunnen het hart openen door goede dingen te doen, goede
woorden te spreken en goede gedachten te denken. We moeten
het niet bewust of onbewust dichtdoen en lijden. Gebruik het
'sesam open u' van de goedheid. Dit is erg eenvoudig; geen
moeilijk te volgen filosofie. Mahatma's zijn meer verheugd als
we goede daden verrichten en egoïsme opgeven dan wanneer we
ze bloemen, kleren en vruchten brengen of *bhajans* (devotionele
liederen) zingen en mediteren.

Een verhaal over vriendelijkheid

De bijbel zegt ons niet hoeveel heiligen of wijzen die de ster ten
tijde van de geboorte van Jezus volgden, naar Bethlehem reisden.
Een bekende overlevering houdt het op drie: Caspar, Melchior en
Balthazar. Maar er is ook een overlevering van een vierde wijze,
genaamd Artaban. Toen Artaban zich opmaakte om te vertrekken en de ster te volgen, nam hij een saffier, een robijn en een
parel van grote waarde mee als geschenk voor de nieuwgeboren
koning, waar hij ook gevonden mocht worden.

Op weg om zich bij de andere wijzen aan te sluiten stopte Artaban om voor een zieke reiziger te zorgen. Als hij echter zou blijven om hem verder te helpen, zou hij de afspraak met zijn vrienden missen. Hij besloot te blijven en het oponthoud was net lang genoeg om het vertrek van de karavaan te missen. Nu was Artaban alleen en hij had vervoer en proviand nodig om de woestijn te doorkruisen. Dus verkocht hij de saffier om kamelen en benodigdheden te kopen, maar hij voelde zich bedroefd omdat de koning deze kostbare steen nooit zou hebben.

Artaban reisde verder en bereikte Bethlehem, maar weer was hij te laat. Er waren overal soldaten die het bevel van Herodus aan het uitvoeren waren dat alle mannelijke kinderen vermoord moesten worden. Artaban pakte daarop de schitterende robijn om de bevelhebber om te kopen om de kinderen in het dorp waar hij verbleef te redden. De kinderen werden gered en de moeders juichten, maar ook de robijn zou de koning niet bereiken.

Artaban zocht drieëndertig jaar tevergeefs en vond uiteindelijk de weg naar Jeruzalem op de dag waarop verscheidene kruisigingen plaats zouden vinden. Hij haastte zich naar de Calvarieberg om de Romeinse bewaker met de kostbare parel om te kopen om de mens genaamd Jezus te redden. Iets in hem zei hem dat dit de Koning van alle Koningen was naar wie hij zijn hele leven op zoek was geweest.

Precies op dat moment riep een jonge vrouw die over straat naar de slavenmarkt gesleept werd Artaban en smeekte om hulp. Met slechts een korte aarzeling gaf hij het laatste juweel, de erg kostbare parel, als losgeld. Nu had Artaban geen enkele kostbare steen meer die hij de koning zou gaan aanbieden.

Toen hij de plaats bereikte waar de kruisigingen zouden plaatsvinden, voelde hij zich overmand door verdriet, toen hij zag dat hij niets kon doen om Jezus te helpen. Maar toen gebeurde er iets opmerkelijks. Jezus keek naar Artaban en zij hem:

'Wees niet bedroefd Artaban. Je hebt me je hele leven geholpen. Toen ik honger had, gaf je me te eten, toen ik dorst had, gaf je me te drinken en toen ik naakt was, kleedde je me, toen ik een vreemde was, nam je me op.'

Sommigen zeggen dat Artaban Christus nooit heeft gevonden. Anderen zeggen dat hij de wijste onder de wijzen was. Ik ben er zeker van dat Amma met dit laatste zou instemmen.

De lotusbloem van ons hart openen is het moeilijkste en meest dankbare wat we kunnen doen. Het vreet aan de wortel van het ego, aan egoïsme. Dat is *tapas*, dat is *sadhana*. Geduldig luisteren naar anderen die lijden en zonder ons rusteloos of verveeld te voelen ons kleine zelf vergeten om anderen te troosten is het hoogste pad van onzelfzuchtig bestaan dat Amma ons ieder moment, dag en nacht laat zien. Kunnen we haar voorbeeld ook maar een beetje volgen? In ieder geval kunnen we het proberen.

HOOFDSTUK ZEVEN

Vrede is onze ware aard

Iedereen wil vrede. Hoeveel zintuiglijke genietingen we ook hebben, uiteindelijk worden we er moe van en willen we alleen vrede. Een rijk iemand heeft misschien alle denkbare pleziertjes, maar uiteindelijk kan zelfs zijn geliefde echtgenoot of vrouw, vriend of vriendin hem niet wakker houden als hij moe is en van de gelukzaligheid van de slaap wil genieten. Wat is dat toch met slaap dat het ons meer waard is dan zintuiglijke genietingen? Vrede, de afwezigheid van subject en object, een gelukzalige eenheid.

Als we volharden in onze pogingen om sadhana te doen en onze energie niet verspillen door overdadige zintuiglijke genietingen of denken, dan zal onze geest geleidelijk aan tot rust komen in een staat van meditatie. Er zal rust zijn zelfs als men niet mediteert. Deze rust is het echte begin van het spirituele leven.

Alle spirituele oefeningen worden gedaan met als enige doel de geest te concentreren. Vrede is onze ware aard, niet de verschillende eigenschappen van de geest zoals vergeten, herinneren, wensen, haten, aantrekken en afstoten. Zelfs spirituele vermogens zoals het kennen van verleden en toekomst zijn niet onze ware aard. Je eigen ware aard kennen als volmaakte vrede en daarin verblijven, dat is Bevrijding, dat is de grootste gelukzaligheid en vervulling.

Totdat deze toestand van onophoudelijke rust wordt bereikt, zegt Amma:

51

Laat de geest hongerlijden. Stop het voeden van de geest met gedachten. We blijven de geest voeden met het voedsel van wensen en gedachten. Dit is een gewoonte geworden en de geest denkt nu dat dit het beste voedsel is. Dit is een gewoonte die gestopt moet worden. De geest moet weten dat dit voedsel ons 'buikpijn' zal geven, is het niet nu dan later. De geest moet leren dat dit voedsel van gedachten en verlangens schadelijk is en dat er veel smakelijker en gezonder voedsel is. De verschillende spirituele oefeningen bereiden het heerlijkste en gezondste voedsel. Als je dit eenmaal ervaart, moet je de geest regelmatig met de Goddelijke Naam, japa (herhalen van een mantra), dhyana (meditatie) en andere spirituele oefeningen voeden. Geleidelijk aan zal de honger naar meer en meer van dit spirituele voedsel toenemen totdat het uiteindelijk een verschrikkelijke honger wordt.

Kinderen, vergeet niet je mantra te herhalen. De periode van je sadhana is als het beklimmen van een hoge berg. Je hebt veel kracht en energie nodig. Bergbeklimmers gebruiken touwen om zichzelf aan omhoog te trekken. Voor jullie is het enige touw japa. Daarom, kinderen, probeer je mantra constant te herhalen. Als je de top van Godsrealisatie eenmaal bereikt, kun je je ontspannen en voor altijd uitrusten.

Er zijn veel manieren om dat sublieme doel te bereiken. Amma zegt:

Iedere persoon is anders. We zijn allemaal uniek. Hoewel we spreken over verschillende manieren om vrede te bereiken zoals japa, gebed en meditatie, zijn er veel meer mogelijkheden. Voor sommigen is dat kunst of muziek, dans of toneel.

Een lied uit het hart, een offer aan God

Drie jongens, Salvador, Julio en Antonio woonden en speelden in delfde buurt in Cremona, Italië, midden 16e eeuw.

Salvador had een prachtige tenor en Julio begeleidde hem op de viool als ze door het stadshart liepen. Antonio hield ook van muziek en zou graag meegezongen hebben, maar zijn stem piepte als een krakend hengsel van een deur. Alle kinderen staken de gek met hem iedere keer als hij probeerde te zingen. Toch was Antonio niet zonder talent. Zijn kostbaarste bezit was het zakmes dat zijn grootvader hem had gegeven. Hij was altijd bezig met het bewerken van een stuk hout. Eigenlijk maakte Antonio een paar hele mooie dingen met zijn houtsnijwerk.

Toen de tijd voor het jaarlijkse festival naderbij kwam, werden de huizen en straten geleidelijk aan versierd met prachtige lentedecoraties. Met hun mooiste kleren aan vulden de mensen de straten. Salvador en Julio besloten op een festivaldag naar de kathedraal te gaan waar ze zouden spelen en zingen op het drukke plein.

'Wil je met ons meegaan?' riepen ze naar Antonio die ineen gebukte houding een stuk hout aan het bewerken was. 'Wie kan het nou schelen dat je niet kunt zingen. We willen toch dat je met ons meegaat.'

'Natuurlijk, ik ga graag mee,' antwoordde Antonio. 'Het is zo'n gezellig festival.'

De drie jongens gingen op weg naar de kathedraal. Toen ze zo liepen, moest Antonio maar denken aan hun opmerking dat hij niet kon zingen. Hij moest er van binnen om huilen omdat hij evenveel van muziek hield als zij, ook al kraakte zijn stem een beetje.

Toen ze op het plein kwamen, begon Julio viool te spelen terwijl Salvador met zijn melodieuze stem zong. De mensen stopten om te luisteren en de meesten lieten een paar stuivers achter voor de armoedig geklede jongens. Een oudere man kwam uit de menigte naar voren. Hij complimenteerde hen en stopte een glimmende munt in de hand van Salvador. Hij was snel verdwenen in de krioelende menigte.

Salvador opende zijn hand en riep uit: 'Kijk, het is een gouden munt.' Hij stopte hem tussen zijn tanden om er zeker van te zijn. De drie jongens waren opgewonden en hielden de munt afwisselend vast om deze te onderzoeken. Ze waren het erover eens dat het een echt goudstuk was.

'Maar hij kan het zich goed veroorloven', zei Julio. 'Weet je, hij is de grote Amati.'

Antonio vroeg schaapachtig: 'En wie is Amati? Waarom is hij zo geweldig?'

De twee jongens lachten en zeiden: 'Heb je nooit van Amati gehoord?'

'Natuurlijk niet,' zei Julio. 'Hij weet niets van muzikanten. Hij heeft een kraakstem en is maar een houtsnijder.' Julio ging verder: 'Voor jouw informatie, Antonio, Amati is een geweldige vioolbouwer, waarschijnlijk de beste van heel Italië of zelfs van de hele wereld en hij woont hier in onze stad.'

Toen Antonio die avond naar huis liep, voelde hij zich erg treurig. Het leek erop dat hij te vaak uitgelachen was om zijn kraakstem en zijn houtsnijden. Dus heel vroeg de volgende morgen vertrok Antonio van huis en nam zijn kostbare houtsnijmes mee. Zijn zakken zaten vol met dingen die hij had gemaakt: een mooie vogel, een fluit, verschillende beeldjes en een klein bootje. Hij was vastbesloten om het huis van de grote Amati te vinden. Uiteindelijk vond Antonio het huis en klopte zachtjes op de voordeur. Toen een bediende opendeed, hoorde de grote meester Antonio's kraakstem en kwam kijken wat hij zo vroeg op de ochtend wilde.

'Ik heb dit voor u meegebracht, mijnheer,' antwoordde Antonio, terwijl hij zijn zakken leegmaakte met de spullen die hij had gebeeldhouwd. 'Ik hoop dat u hiernaar wil kijken en me wil vertellen of ik genoeg talent heb om ook violen te leren bouwen.'

Amati pakte zorgvuldig ieder stuk op, onderzocht het en nodigde Antonio uit binnen te komen. 'Hoe heet je?' vroeg hij.

'Antonio, mijnheer' piepte hij.

'En waarom wil je violen bouwen?' informeerde Amati, nu heel serieus.

Impulsief barstte Antonio los: 'Omdat ik van muziek houd, maar niet kan zingen omdat mijn stem klinkt als een krakend deurscharnier. U hebt gehoord hoe goed mijn vrienden gisteren bij de kathedraal zongen. Ik wil ook muziek tot leven brengen.'

Voorover leunend en Antonio in zijn ogen kijkend, zei Amati: 'Het belangrijkste is het lied in het hart. Er zijn veel manieren om muziek te maken: sommige mensen spelen viool, anderen zingen, weer anderen schilderen prachtige schilderijen. Iedereen draagt bij aan de schoonheid van de wereld. Jij bent een houtsnijder, maar jouw lied zal net zo schoon zijn als elk ander lied.'

Deze woorden maakten Antonio heel gelukkig en hij vergat nooit deze boodschap van de hoop. Op zeer korte termijn werd Antonio een leerling van de grote kunstenaar. Iedere ochtend ging hij heel vroeg naar Amati's workshop waar hij luisterde, leerde en de leraar observeerde. Na vele jaren was er niet één geheim meer met betrekking tot het bouwen van een viool, met al zijn zeventig onderdelen, dat hij niet kende. Tegen de tijd dat hij tweeëntwintig jaar was, gaf zijn meester hem toestemming om zijn eigen naam op een viool die hij zelf gebouwd had, te zetten.

De rest van zijn leven bouwde Antonio Stradivarius violen, meer dan 1100 stuks, waarbij hij elk exemplaar beter en mooier probeerde te maken dan de voorgaande. Vandaag de dag heeft iedereen die een Stradivarius viool bezit een schat, een artistiek meesterwerk dat miljoenen dollars waard is.

We zijn misschien geen grote spirituele beoefenaars of volmaakte monniken, maar we kunnen alles wat we kunnen, offeren aan God en Hij zal tevreden zijn.

Zoals Heer Krishna zegt in de *Bhagavad Gita*:

Als je Mij met devotie een blad, een bloem, een vrucht, water aanbiedt – dat, wat geofferd is door de zuiveren van geest, zal Ik eten. Wat je ook doet, wat je ook eet, wat je ook offert, wat je ook geeft, welke ascese je ook doet, doe het als een offer aan Mij. Zo zal je bevrijd worden en zal je tot Mij komen.

Hoofdstuk 9, vers 26

HOOFDSTUK ACHT

Het unieke doel van het menselijke leven

A mma neemt geen blad voor de mond over de ernst van het leven en de waarde van het menselijke leven. Pas na vele, vele levens in lagere levensvormen krijgt de ziel een menselijke vorm. In ieder leven inclusief het menselijke, zijn we voornamelijk bezig met de volgende vier dingen: honger en dorst, seks, angst en slaap.

Wat is er dan zo speciaal aan om mens te zijn? We kunnen zaken voor de lange termijn beredeneren en beslissingen nemen die overeenkomen met onze bevindingen en dienovereenkomstig handelen. Dieren kunnen dat niet. Zij zijn geprogrammeerd door de Natuur of kunnen door mensen getraind worden, maar ze kunnen niet denken en redeneren zoals de mens. Mensen hebben een intellect dat onderscheid kan maken tussen wat goed of slecht is en kunnen veel begrijpen. Dit kenmerk van de mensheid moet volledig benut worden vóór het sterven. Dit hoeft niet noodzakelijkerwijs te betekenen dat de wereldlijke kennis van het intellect ontwikkeld wordt. Het betekent de realisatie van onze eeuwige natuur als ziel, als bewustzijn. Zelfkennis is het hoogst bereikbare, het grootste geluk van het menselijke leven. Alleen mensen hebben het vermogen om pogingen te ondernemen de Natuur te transcenderen door spirituele oefeningen en beheersing van onze instincten.

57

Amma:

Kinderen, deze lichamen van ons zijn niet eeuwig. Ze kunnen ieder moment vergaan. We worden geboren als mens na talloze andere levens. Als we dit leven verspillen door als dieren te leven, zullen we opnieuw geboren moeten worden als dieren voordat we weer een andere menselijke leven verwerven.

Sommige spirituele mensen stellen tegenwoordig dat ht onderricht van de oude wijzen of *rishi's* die zeggen dat een mens opnieuw kan worden geboren in een lagere levensvorm, niet waar kan zijn. Het klinkt gewoon te onplezierig. Toch hebben de rishi's en heilige geschriften zoals de Bhagavad Gita ons geleerd dat de lange reis die de ziel of jiva doorloopt op weg naar de mystieke Eenwording met de Schepper, vele afslagen kan inslaan die zowel tot lagere als hogere levens dan die van de mens leiden.

Door een helder besef te hebben van het doel van het menselijk bestaan samen met een 'actieplan' of 'stroomschema' kan je leven een specifieke richting opgaan en productief worden. Zelfs als het doel niet aan het eind van je leven bereikt wordt, zul je de volgende keer een gunstiger leven krijgen. Dit wordt helder verwoord in een verlichtende discussie tussen Heer Sri Krishna en Zijn toegewijde Arjuna in het zesde hoofdstuk van de Bhagavad Gita, dat we aandachtig moeten lezen.

Arjuna zei:

Deze Yoga van gelijkmoedigheid, door U onderwezen, O vernietiger van Madhu, zie ik niet permanent stabiliseren door de rusteloosheid (van de geest). De geest is waarlijk, O Krishna, rusteloos, turbulent, krachtig en onbuigzaam. Het beteugelen hiervan lijkt me even moeilijk als de wind (onder controle krijgen).

De Gezegende Heer zei:

Ongetwijfeld, O machtigarmige, is de geest moeilijk te beteugelen en rusteloos; maar door oefening, O zoon van Kunti, en door er onverschillig tegenover te staan kan hij worden beteugeld. Yoga is volgens mij moeilijk te bereiken door iemand die zichzelf niet onder controle heeft; maar hij die zich (vaak) inspant, met zijn zelf onder controle, kan het met de (juiste) middelen bereiken.

Arjuna zei:

Hij die zich niet inspant, maar bezeten is door geloof en van wie de geest afdwaalt van Yoga, die gefaald heeft om volmaaktheid in Yoga te bereiken, wat zal hij, O Krishna, tegenkomen? Als hij in beide richtingen gefaald heeft, zal hij niet vergaan als een wolk die uiteensplijt, zonder hulp, O machtigarmige, in totale verwarring op het pad naar Brahman? Deze twijfel van mij, O Krishna, verdrijft U volledig, want niemand anders dan U kan deze twijfel vernietigen.

De Gezegende Heer zei:

O Partha, noch in deze wereld noch in de volgende is er voor hem vernietiging; echt niemand die goed doet, Mijn zoon, zal ooit verdriet kennen. Als hij de werelden van de rechtvaardigen bereikt heeft en daar oneindige jaren heeft verbleven, zal hij die yoga niet heeft bereikt, wedergeboren worden in een zuivere en vermogende familie. Of hij wordt geboren in een familie van alleen maar wijze Yogi's. Een dergelijke geboorte is in deze wereld erg moeilijk te verkrijgen. Daar verkrijgt hij opnieuw voeling met de kennis die was verkregen in het vorige lichaam en streeft hij meer dan ooit naar Volmaaktheid, O zoon van de Kuru's. Door die vroegere oefeningen wordt hij onweerstaanbaar verder gedragen. Zelfs hij die alleen maar Yoga wenst te kennen, verheft zich boven het Woord-Brahman. Waarlijk, een Yogi die zich met volharding inspant, gezuiverd van zonden en volmaakt geworden door veel levens, bereikt dan het Hoogste Doel.

Hoofdstuk 6, vers 33-45

Deze verzen bieden ons veel hoop en troost in ons spirituele leven. Als wij naar onze tegenwoordige staat lijken, is het natuurlijk dat we voelen dat we het doel in dit leven misschien niet bereiken. We maken ons zorgen over ons lot en wat ons volgende leven zal zijn. Zullen al onze inspanningen tevergeefs zijn? Moeten we weer helemaal van voor af aan beginnen? Sri Bhagavan zegt ons ons geen zorgen te maken. Niets gaat verloren. Onze inspanningen zijn net als het overmaken van geld naar een eeuwige bankrekening die onze dood leven na leven overleeft. We zullen gelukkig zijn in de andere werelden en geboren worden onder omstandigheden die gunstig zijn voor onze verdere spirituele evolutie. En hoewel onwillig, zullen we met grotere intensiteit verder naar het doel gaan.

Het gebruik van het woord 'onwillig' is erg veelbetekenend. Maya is zoals de zwaartekracht. Zij trekt ons altijd naar beneden zelfs als we ons er niet bewust van zijn, behalve onder bepaalde omstandigheden. Door Maya voelen zielen in deze wereld zich gewoonlijk niet aangetrokken tot serieuze spirituele inspanning. Bijna alle wezens raken verstrikt in het bevredigen van hun latente verlangens naar plezier en het vermijden van lijden. Maar zij die oprecht geworsteld hebben om in hun vorige levens Bevrijding te bereiken, zullen ondanks hun wereldlijke neigingen aangetrokken worden om verdere en krachtigere pogingen te ondernemen naar Zelfrealisatie. Amma zegt dat het nuchtere feit dat iemand een betrekkelijk snelle spirituele vooruitgang bereikt, betekent dat hij in zijn vorige leven sadhana heeft gedaan. Hun gedrevenheid in dit leven onderschrijft dit feit. Ook als we niet zo'n gedrevenheid hebben, moeten we nu pogingen doen, zodat we zelfs als we de Hoogste Staat in dit leven niet bereiken, er veel dichterbij zullen zijn in het volgende leven. Het is een wijze investering.

Afgezien van deze verzekerende woorden moeten we niet vergeten dat de genade van onze Goeroe het krachtigste middel naar Bevrijding is. Louter Amma's gedachte die op ons gericht is, is genoeg om de oude sluier van spirituele onwetendheid of *ajnana* die ons Ware Zelf verbergt, weg te halen. Natuurlijk moeten we die genade aanroepen door onze eigen intensieve inspanningen.

Het plan voor kinderen

Dus wat is het actieplan? Als we kind zijn, zijn we slechts dieren op twee benen. We doen niets anders dan wat dieren doen: eten, poepen, slapen, spelen, liefhebben, vechten enz. Maar dan, na een poosje, na het vijfde levensjaar ongeveer, moeten onze ouders beginnen met het leggen van de fundering voor onze 'toren naar de hemel'. In dit stadium moeten de voorzieningen worden getroffen die we nodig hebben om de lange reis terug naar God te maken.

Amma: 'Ouders moeten met het uitleggen van spirituele ideeën aan kinderen op jonge leeftijd beginnen. We moeten ze vertellen dat er een kracht is die bekend staat als God die over alles heerst. Als we een kind leren om zich deze Goddelijkheid onder alle omstandigheden in het leven te herinneren, zal dat kind zijn innerlijk evenwicht kunnen bewaren in iedere situatie, of het nu om overwinning of nederlaag gaat. Zelfs als ze tijdens het opgroeien slechte eigenschappen ontwikkelen, zullen de goede indrukken die verborgen liggen in het onderbewuste hen te zijner tijd weer op het goede pad terugbrengen.'

61

Naast wereldse kennis moeten ouders hun kinderen kennis laten maken met de volgende onderwerpen door voorbeelden en verhalen: eerbied voor ouders en God, aanbidding, nederigheid, eenvoud, zelfbeheersing, onthechting, dienstbaarheid, onbaatzuchtigheid en een filosofische houding.

> Amma: 'Kinderen moeten hun ouders respecteren, hun beleefd antwoord geven, hun instructies gehoorzamen, ze niet voor de gek houden of hun luidruchtig of tegendraads antwoord geven. Deze eigenschappen zijn allemaal essentieel voor het welzijn van het gezin.'

Om dit te bewerkstelligen moeten kinderen het volgende leren: yoga-asana's, Sanskriet sloka's en gebeden, spirituele verhalen uit de *Ramayana, Bhagavata, Mahabharata* of de *Panchatantra, bhajans*, meditatie en *japa* en ze moeten *karma yoga* of *seva* beoefenen. Dit als aanvulling op hun reguliere studie. Al deze oefeningen zullen een basis vormen voor een spiritueel leven op een later tijdstip.

Huwelijksleven

Velen van ons verlangen naar een echtgenoot, rijkdom en faam, comfort en bezit, zintuiglijk plezier en kinderen. Deze zaken worden vervuld tijdens het huwelijksleven. De spirituele oefeningen die we als kind hebben geleerd, moeten in deze fase ook een vervolg krijgen. Emoties zoals boosheid, hebzucht, egoïsme, jaloezie en seksueel verlangen moeten geleidelijk aan beheerst worden, langzaamaan verminderd worden. Geleidelijk aan is hier het woord, maar niet zo geleidelijk aan dat er niets aan gedaan wordt. Het huwelijksleven is een fase waarin veel mogelijkheden tot zelfverbetering zijn. Het is jammer dat we vandaag de dag niet veel van die positieve eigenschappen in de mensen om ons heen zien. Egoïsme lijkt de scepter te zwaaien!

In het woud

Als we hard ons best gedaan hebben om de geest van al zijn zwakte en negativiteit te zuiveren en regelmatig onze spirituele oefeningen hebben gedaan, dan zullen echte devotie en onthechting ontstaan. Dan is men klaar voor 'verblijf in het woud.' Dit is de fase waarin men een leven leidt zonder bemoeienis met wereldlijke zaken en, als het mogelijk is, in een ashram gaat wonen of in ieder geval alle beschikbare tijd thuis besteedt aan spirituele oefeningen.

Amma: 'Zodra de kinderen volwassen zijn en voor zichzelf kunnen zorgen, moeten man en vrouw naar een ashram gaan en een spiritueel leven leiden, waarbij ze aan hun spirituele vooruitgang werken door te mediteren en japa en onbaatzuchtige dienstverlening te doen. Het is noodzakelijk om vanaf het begin van je spirituele leven een houding te cultiveren van sterke gehechtheid alleen aan de Heer om deze overgang mogelijk te maken. Zonder zo'n spirituele band zal de geest zich aan zijn boeien vasthouden, eerst aan de kinderen, dan aan de kleinkinderen enzovoorts. Dit soort gehechtheid is van geen enkel nut voor ons of voor onze kinderen. Ons leven zal verspild worden als we onze gehechtheid in stand houden. Als we daarentegen ons leven met sadhana doorbrengen, zal onze spirituele kracht zowel ons als de wereld helpen. Cultiveer daarom de gewoonte om de geest uit de talloze wereldlijke bezigheden terug te trekken en richt hem volledig op God. Door water in een opslagtank te verzamelen kan het alle kranen in gelijke mate bereiken. Op dezelfde manier zal het aan alle gezinsleden ten goede komen als we onze geest voortdurend op God gericht houden, terwijl we met welk werk dan ook bezig zijn. Het ultieme doel in het leven moet niet zijn om rijkdom voor de kinderen en gezinsleden te vergaren, maar ons te richten op onze eigen spirituele ontwikkeling.'

Verzaking

Als iemand overtuigd is van het werkelijke bestaan van God en de illusoire aard van de wereld, als iemands dorst naar zintuiglijk leven is afgenomen tot alleen maar overleven, als men gebrand is op Godsrealisatie, dan komt de fase van volledige verzaking, volledige afhankelijkheid van God en volledige toewijding aan spiritualiteit. Dit kan een innerlijke houding zijn of ook de vorm aannemen van externe verzaking. De oefening is om in het Atman of de Ziel te leven. Dat is iemands enige echte plicht.

We moeten niet denken dat alleen monniken de genade van God of de Goeroe ontvangen. Genade komt in verschillende vormen afhankelijk van onze fase en onze oefeningen. Een gehuwde persoon kan hiervoor werken en het op een andere manier ontvangen dan een monnik.

Gods verborgen dienaren

Er is een legende over een kluizenaar die lang geleden hoog op een bergwand in een kleine grot woonde. Zijn voedsel bestond uit wortels en eikels, een stukje brood gegeven door een boer of kaas gebracht door een vrouw die zijn gebeden wilde; zijn werk was bidden en aan God denken. Hij woonde daar veertig jaar. Hij predikte voor de mensen, bad voor hen, bood troost aan hen die het moeilijk hadden en aanbad vooral in zijn hart. Er was maar één ding waar hij om gaf, zijn ziel zo zuiver en volmaakt maken dat deze een van de stenen in Gods grote Tempel in de Hemel kon worden.

Op een dag, na veertig jaar, had hij een groot verlangen om te weten hoeveel vooruitgang hij met zijn werk had geboekt, hoe God het zag. Hij bad dat hem een man werd getoond

Van wie de ziel in hemelse genade was gegroeid
In dezelfde mate als de zijne;
Van wie de schat aan de hemelse oever
Niet minder noch meer kon worden dan de zijne.

Toen hij opkeek van zijn gebed, stond er een engel in wit gewaad op het pad voor hem. De kluizenaar boog voor de boodschapper met grote blijdschap, want hij wist dat zijn wens was verhoord.

'Ga naar de dichtstbijzijnde stad,' zei de engel, 'en daar op het plein zul je een clown aantreffen die de mensen voor geld laat lachen. Hij is de man die je zoekt, zijn ziel is gegroeid tot dezelfde hoogte als de jouwe; zijn schat aan de hemelse oever is niet minder of meer dan de jouwe.'

Toen de engel uit het zicht was verdwenen, boog de kluizenaar opnieuw zijn hoofd, maar deze keer met groot verdriet en angst. Was zijn periode van veertig jaar bidden een vreselijke vergissing geweest, en was zijn ziel inderdaad zoals een clown die gekkigheid maakte op het marktplein? Hij wist niet wat te denken. Hij hoopte bijna dat hij de man niet zou vinden en kon geloven dat hij het visioen van de engel had gedroomd. Maar toen hij na een lange vermoeiende wandeling in het dorp op het plein kwam, was daar helaas de clown die zijn malle trucs voor de menigte deed.

De kluizenaar stond met schrik en verdriet naar hem te kijken, want hij voelde dat hij naar zijn eigen ziel keek. Het gezicht dat hij zag was mager en vermoeid en hoewel het naar de mensen glimlachte of grijnsde, leek het erg treurig voor de kluizenaar. Spoedig voelde de man de ogen van de kluizenaar; hij kon niet doorgaan met zijn kunstjes. Toen hij was opgehouden en de menigte weg was, nam de kluizenaar de man mee naar een plek waar ze konden rusten, want hij wilde meer dan wat ook op de wereld weten hoe de ziel van de man was, want wat die was, zo was hij. Dus na enige tijd vroeg hij de clown heel vriendelijk hoe zijn leven was, hoe het was geweest. En de clown antwoordde zeer bedroefd dat het precies was zoals het eruit zag: een leven van domme truckjes, want dat was de enige manier om zijn brood te verdienen die hij kende.

'Maar ben je nooit iets anders geweest?' vroeg de kluizenaar, moeizaam.

Het hoofd van de clown verdween in zijn handen. 'Ja, heilige vader' zei hij, 'ik ben iets anders geweest. Ik was een dief! Ik behoorde tot de slechtste bende van bergrovers die het land ooit kwelde en ik was de allerslechtste.'

Helaas, de kluizenaar voelde dat zijn hart brak. Zag hij er voor de Heer zo uit, als een dief, een wrede bergrover? Hij kon nauwelijks spreken en de tranen stroomden uit zijn oude ogen, maar hij verzamelde de kracht om nog een vraag te stellen. 'Ik smeek u', zei hij, 'als u ooit een enkele goede daad in uw leven hebt verricht, herinner het nu en vertel het me.' Want hij dacht dat zelfs één goede daad hem van zijn uiterste wanhoop kon verlossen.

'Ja, één' zei de clown, 'maar die was zo klein, het is niet de moeite van het vertellen waard; mijn leven is waardeloos geweest.'

'Vertel het me' smeekte de kluizenaar.

'Op een dag' zei de man, 'drong onze bende een kloostertuin binnen en kidnapte een van de nonnen om als slavin te verkopen of te gijzelen voor losgeld. We sleurden haar met ons mee over de moeilijke, lange weg naar ons kamp op de berg en stelden iemand aan om haar 's nachts te bewaken. De arme ziel bad heel meelijwekkend tot ons om haar te laten gaan. En terwijl ze smeekte, keek ze van het ene harde gezicht naar het andere met vertrouwende, smekende ogen alsof ze niet kon geloven dat mensen echt slecht konden zijn. Vader, toen haar ogen de mijne ontmoetten, stak er iets door mijn hart. Medelijden en schaamte kwamen in me omhoog, voor de eerste keer. Maar ik hield mijn gezicht net zo hard en wreed als de rest en ze wendde zich hopeloos af.

Toen alles donker en stil was, sloop ik als een kat naar waar ze lag vastgebonden. Ik legde mijn hand op haar pols en fluisterde: 'Heb vertrouwen en ik breng je veilig naar huis.' Ik sneed haar boeien door met mijn mes en ze keek naar me om te laten zien dat ze vertrouwen had. Vader, over vreselijke paden die ik kende, uit het zicht van de anderen, bracht ik haar veilig naar de kloosterpoort. Ze klopte aan, ze deden open en ze glipte naar binnen. Toen ze me verliet, draaide ze zich om en zei: 'God zal het onthouden.'

Dat was alles. Ik kon niet teruggaan naar het oude slechte leven, en ik had nooit geleerd om op een eerlijke manier mijn brood te verdienen. Dus werd ik een clown en zal een clown moeten blijven tot ik doodga.'

'Nee, Nee mijn zoon', huilde de kluizenaar, en nu waren het tranen van vreugde. 'God heeft het onthouden: jouw ziel is net zo in beeld als de mijne, die veertig jaar heeft gebeden en gepredikt. Jouw schat staat klaar aan de hemelse kust net zoals de mijne.'

'Net zoals de uwe? Vader u drijft de spot met mij', zei de clown.

Maar toen de kluizenaar hem het verhaal van zijn gebed en het antwoord van de engel vertelde, werd de arme clown helemaal vervuld van vreugde, want hij wist dat zijn zonden vergeven waren. En toen de kluizenaar naar huis, naar zijn berg ging, ging de clown met hem mee. Hij werd ook kluizenaar en bracht zijn tijd door met lofprijzingen en gebed.

Ze leefden en werkten samen en hielpen de armen. Toen de man die clown was geweest, na twee jaar stierf, voelde de kluizenaar dat hij een broeder had verloren die heiliger dan hijzelf was.

Nog tien jaar woonde de kluizenaar in zijn berghut, dacht altijd aan God, vastte en bad en deed niets wat verkeerd was. Toen, op een dag, ontstond opnieuw de wens om te weten hoe zijn werk vooruitging en hij bad dat hij een ziel zoals hijzelf mocht tegenkomen.

Opnieuw werd zijn gebed verhoord. De engel kwam naar hem toe en vertelde hem naar een bepaald dorp te gaan aan de andere kant van de berg naar een kleine boerderij waar twee vrouwen woonden. In hen zou hij twee zielen vinden zoals hijzelf, in het zicht van God.

Toen de kluizenaar bij het hek van de kleine boerderij kwam, waren de twee vrouwen die daar woonden, dolblij hem te zien, want iedereen hield van hem en eerbiedigde zijn naam. Zij zetten een stoel voor hem klaar op de koele veranda en brachten eten en drinken. Maar de kluizenaar was te verlangend om te wachten. Hij verlangde er enorm naar om te weten hoe de zielen van de twee vrouwen waren. Te oordelen naar hun blikken kon hij slechts zien dat ze vriendelijk en eerlijk waren. De ene was oud en de ander van middelbare leeftijd.

Even later vroeg hij naar hun leven. Ze vertelden hem het beetje dat er te vertellen was: ze hadden altijd hard op het veld gewerkt met hun echtgenoten of in huis; ze hadden veel kinderen en hadden moeilijke tijden gekend, ziekte, en verdriet maar ze hadden nooit gewanhoopt.

'Maar vertel over jullie goede daden?' vroeg de kluizenaar. 'Wat hebben jullie voor God gedaan?'

'Heel weinig', zeiden ze bedroefd, want ze waren te arm om veel te geven. Om eerlijk te zijn, twee keer per jaar als ze een schaap doodden voor voedsel, gaven ze de helft aan hun arme buren.

'Dat is heel goed, heel godsdienstig,' zei de kluizenaar. 'En zijn er andere goede daden die jullie hebben verricht?'

'Niets,' zei de oudere vrouw, 'tenzij, tenzij je zou het een goede daad kunnen noemen.' Ze keek naar de jongere vrouw die naar haar glimlachte.

'Wat?' zei de kluizenaar.

De vrouw aarzelde nog, maar uiteindelijk zei ze timide: 'Er valt niet veel te vertellen, Vader, alleen dit: het is twintig jaar geleden dat mijn schoonzus en ik bij elkaar in huis kwamen wonen; we hebben onze gezinnen hier grootgebracht en in deze twintig jaar is er nooit een boos woord gevallen of een blik die niet vriendelijk was.'

De kluizenaar boog zijn hoofd voor de twee vrouwen en dankte hen in zijn hart. 'Als mijn ziel zoals die van hen is,' zei hij, 'ben ik inderdaad gezegend.'

En plotseling kwam er een groot licht in de geest van de kluizenaar en hij zag hoeveel manieren er zijn om God te dienen. Sommigen dienen hem in ashrams, tempels en cellen van kluizenaars door lofprijzingen en gebed; sommige arme zielen die erg slecht zijn geweest, keren zich met verdriet van hun slechtheid af en dienen hem met berouw, sommigen leven met vertrouwen en vriendelijk in bescheiden huizen, werken, voeden kinderen op, terwijl ze vriendelijk en opgewekt blijven en sommigen verdragen geduldig pijn uit liefde voor Hem. Oneindige, eindeloze manieren zijn er die alleen het Hemelse Wezen ziet.

En dus dacht de kluizenaar toen hij de berg opnieuw beklom en hij de sterachtige gloed van licht op de ramen van het huisje van verre zag: 'Wat zijn er veel verborgen dienaren van God!'

HOOFDSTUK NEGEN

De noodzaak van onthechting

Na karmana na prajaya dhanena
tyagenaike amrita tvamanasuh
parena nakam nihitam guhayam
vibhrajate yadyatayo visanti

Noch door handelen, noch door (verkrijgen) van nageslacht en rijkdom, maar door onthechting alleen wordt onsterfelijkheid bereikt. Die Hoogste Staat is ver voorbij de hoogste hemel en de wijzen nemen het waar, verborgen in de grot van het hart, waarbinnen het helder schittert.

Mahanarayanopanisad 4.12

Amma spreekt vaak over de waarde en noodzaak van onthechting. We denken over het algemeen niet over onthechting als een middel tot geluk. Het lijkt bijna op een soort kwelling, straf of lijden voor ons, een akelige ervaring. Maar Amma zegt dat de waarde ervan ligt in het blijvende geluk dat het schenkt. De meesten van ons denken dat geluk bestaat uit alles wat onze geest en zintuigen een gevoel van genot geeft. Daar zit een kern van waarheid in. Maar Amma zegt dat we geen genoegen moeten nemen met zo'n beperkt en veranderlijk geluk. Waarom streven we niet naar vreugde die resulteert in blijvende bevrediging? Waarom lopen we achter een paar druppels honing aan als er een hele oceaan van beschikbaar is? Dit zeggen alle

71

wijze mensen van alle spirituele tradities en dit komt voort uit hun eigen ervaring van eenheid met God: Er is een oceaan van gelukzaligheid in je. Je bent je er nu niet van bewust. Probeer het te ervaren door spirituele oefeningen en dan zullen geluk en vrede bij je zijn, een geluk dat niemand en geen enkele situatie je af kan nemen.

Er zijn verschillende niveaus van *ananda* of gelukzaligheid. Er is menselijke plezier, er zijn de hogere genoegens in de subtiele of hemelse werelden en dan is er Goddelijke Gelukzaligheid of *Brahmananda*. Alleen Brahmananda is eeuwigdurend en is het allerhoogste in elk opzicht. Als dat is bereikt, blijft men tevreden. Een vogel kan rondvliegen zolang hij wil. Sommige vogels kunnen duizenden kilometers vliegen zonder te rusten, maar uiteindelijk moeten ze naar de aarde terugkeren. Op dezelfde wijze, kunnen wij gedurende vele levens door de schepping zwerven op zoek naar gelukzaligheid, maar uiteindelijk moeten we naar huis terugkeren, we moeten landen op de vaste grond van onze eigen bron, het *Atman* of God.

Wat Amma bedoelt met onthechting is een geleidelijk terugtrekken van de geest en zintuigen van wereldlijke objecten en het richten van onze aandacht op God, de onveranderlijke Realiteit van deze altijd veranderende wereld, de Goddelijke Gelukzaligheid, de Bron van onze geest. God is niet een saaie oude man met een witte baard die in de hemel woont en altijd klaarstaat om ons te straffen, met zijn vinger op de 'strafknop'. God is de essentie van Gelukzaligheid, een oneindig uitgestrekte Oceaan van Bewustzijn voorbij onze individuele geest.

Onthechting betekent ook het opgeven van dat wat spiritueel gezien schadelijk voor ons is. Als we proberen dat te doen, komen we erachter dat ons hele leven lang onze opvoeding en ons dagelijkse bestaan ons geleerd hebben om juist het tegenovergestelde te doen. Bij het navolgen van wereldlijk geluk ontwikkelen we veel negatieve of destructieve neigingen zoals trots, egoïsme, boosheid, ongeduld en hebzucht. We gebruiken deze neigingen om blij te worden, maar uiteindelijk maken ze ons en anderen ellendig. Dit is het vreemde mechanisme van *Maya*, de Kracht van Universele Illusie.

Onthechting is niet iets wat de meeste mensen plotseling met veel overtuiging kunnen beoefenen. Het moet geleidelijk aan ontwikkeld worden. Sommige gehuwde toegewijden voelen zich schuldig dat ze streven naar wereldlijke doelen en van de pleziertjes van het leven genieten, terwijl Amma de nadruk legt op onthechting. Toch zegt Amma dat een *grihastashrami* (iemand met een gezin) moet genieten van wat de wereld te bieden heeft. Probeer aanvankelijk zo vervuld mogelijk in het wereldse leven te zijn. Beoefen dan, na enige tijd, langzamerhand en geleidelijk aan onthechting. Uiteindelijk probeer je de negatieve kant van plezier te zien en te begrijpen, terwijl je tegelijkertijd toewijding ontwikkelt. We kunnen dit doen door in het gezelschap van *mahatma's* (grote zielen) te zijn en traditionele boeken zoals de Bhagavad Gita en de Srimad Bhagavatam te lezen. Denk aan wat het echte doel van het menselijk leven is. Ware onthechting wordt slechts verkregen als de geest in Godsbewustzijn leeft.

Fysieke onthechting is niet voor iedereen. Voor sommigen wordt het mogelijk in de volheid van de tijd. Kan iemand zichzelf tot onthechting dwingen? Een sterk gevoel dat men loskomt van alles en iedereen, zal bij de toegewijde eerst moeten dagen. Wereldse geneugten en gezelschap zullen leeg en betekenisloos aanvoelen, als een afleiding en een verspilling van waardevolle tijd en leven. Inzicht in de oppervlakkigheid van het wereldlijke leven en van egoïsme moet ontstaan. De wereldse omgeving zal ondraaglijk en leeg voelen, als een bodemloze put. Het bereiken van Goddelijke Gelukzaligheid en het ontsnappen aan de cyclus van dood en wedergeboorte krijgt een besef van dringende noodzaak en vormt het belangrijkste doel in ons leven.

Sommige mensen omarmen onthechting in een vlaag van walging voor de pijn, teleurstelling en moeilijkheden van het wereldlijke leven. Misschien verlaten ze zelfs hun gezin en baan en verhuizen naar een heilige plek of een plaats van natuurlijke schoonheid of gaan op pelgrimstocht; maar vroeg of laat beginnen ze misschien hun oude leven te missen en keren terug naar huis. Ze beginnen misschien zelfs een nieuw werelds leven in een nieuwe omgeving.

Er is nog een soort onthechting genaamd *smasana vairagya* (begraafplaatsonthechting). Dit gebeurt als iemand een crematie of begrafenis bijwoont, een dood lichaam of een verschrikkelijk ongeluk ziet of de dood heel dichtbij voelt. Men begint dan te denken dat het eigen lichaam op een dag hetzelfde lot beschoren zal zijn. Men wordt filosofischer over het leven en voelt enige onthechting voor dagelijkse zaken, waardoor men serieus spirituele inspanning gaat overwegen. Maar als men thuiskomt en terugkeert naar de gebruikelijke routine, worden zulke gevoelens helemaal vergeten.

In het geval van Amma's toegewijden is zij er om te beslissen of we wel of niet geschikt zijn om een leven van onthechting te leiden. Zij kan verder zien dan wij. Het is voor ons het beste om haar over zulke zaken te raadplegen. Het is voor ons heel moeilijk om echt te weten of we genoeg onthecht zijn om een dergelijk leven te leiden. Amma zal ons de weg tonen en ons laten weten of er aanpassingen dienen te worden gemaakt.

Een swami die gek was op pudding

Een swami was een leven van onthechting begonnen zonder de zegen van een Goeroe. Hij leefde van vruchten en wortels in een afgelegen hut in het bos. Zijn ashram lag bij een dorp en dus kwamen de dorpskinderen daar regelmatig spelen. Op een dag hoorde hij de kinderen schreeuwen en vechten en kwam naar buiten om te zien wat er aan de hand was. Twee broers waren aan het ruziën over een gebeurtenis van de vorige dag waarbij de oudste broer zijn zoete pudding (*payasam*) niet had gedeeld met de jongste broer. Toen de sadhoe het woord payasam hoorde, kwam het verlangen om payasam te eten in zijn geest op. Zijn geest ging dertig jaar terug toen hij nog bij zijn familie woonde en regelmatig payasam at en alles wat hij maar verlangde.

Hij dacht: 'Hoe kan ik nu payasam krijgen? Het zou niet juist zijn om terug naar huis te gaan na zoveel jaar. Ik raak misschien verstrikt in het leven daar en er zullen veel problemen ontstaan. Ach, er zit weinig kwaad in als ik gewoon het dorp rondga en bij een paar huizen bedel. Misschien hebben ze in een van de huizen payasam en krijg ik iets.'

Al die jaren had de sadhoe geleefd van de opbrengst uit het bos om de dorpelingen te vermijden. Nu besloot hij naar het dorp te gaan. Hij vertrok in de avond maar verdwaalde onderweg. Hij moest verder dwalen in het bos tot de volgende ochtend. Uiteindelijk hoorde hij een paar stemmen en ging daar naar toe. Hij vroeg hun de weg naar het dorp maar was verbaasd over hun reactie.

'Hier is de dief naar wie we op zoek waren. Hij heeft zich als sadhoe vermomd. Grijp hem!'

Ze pakten hem beet, sloegen hem in elkaar en brachten hem naar het politiebureau. De politie dreigde met marteling als hij niet zei waar hij de gestolen goederen had verborgen. Het hele dorp kwam kijken naar de dief die verkleed was als sadhoe.

De sadhoe trilde van angst en bad tot God om hem te redden. Hij had geen idee wat er aan de hand was.

Juist op dat moment liep er een mahatma langs, die terugkwam van zijn bad in de rivier. Hij begreep onmiddellijk de situatie en zei tegen de politie: 'Jullie hebben de verkeerde. Deze man is slechts een onschuldige sadhoe die ongeveer 10 kilometer hiervandaan in het bos woont. De echte dief is ergens anders gevangen en wordt in hechtenis gehouden. Laat deze man alstublieft vrij, geef hem wat payasam en stuur hem terug naar zijn ashram.'

De stedelingen kenden de mahatma goed en lieten daarom de sadhoe vrij. De sadhoe boog diep aan de voeten van de mahatma en barstte in tranen uit. Hij had berouw over zijn gebrek aan beheersing en ging terug naar zijn hut in het bos. Verlangens leiden altijd tot moeilijkheden, vooral in het geval van een sadhoe of kluizenaar die geen Goeroe heeft.

Leven in deze wereld is zoals naar school gaan. We doorlopen verschillende klassen en leren verschillende lessen. Maar deze wereld is slechts een school. We moeten hier niet altijd blijven. We moeten proberen te promoveren naar de echte wereld. Die echte wereld is de wereld van Goddelijke Gelukzaligheid, de wereld van God. Laten we oefenen in onthechting op wat voor manier en op welk niveau dan ook in ons dagelijkse leven overeenkomstig Amma's advies. Zelfs als we ons huis verlaten, zal dezelfde geest met ons meegaan. We kunnen er nooit aan ontsnappen behalve door gedachten op te geven.

HOOFDSTUK TIEN

Vasana's

Amma legt uit dat het echte doel van het leven als mens is om de staat van eenheid met onze Schepper, God te ervaren, met een geest die gezuiverd is door spirituele discipline. Om die ervaring in ons te laten dagen moet onze huidige rusteloze geest van zijn gedachten en gevoelens gezuiverd worden en zo kalm als een oceaan zonder golven worden. In dat zuiveringsproces probeert een *sadhak* (spiritueel aspirant) gedachten te verminderen zodat de verborgen Waarheid wordt geopenbaard. Een vijver is misschien bedekt met algen, maar als je de algen opzijschuift, kun je het water zien. Op dezelfde manier is het Atman nu bedekt door gedachten, zwakke en sterke. We beginnen het visioen of de ervaring van het Zelf te verkrijgen, als de gedachten minder worden.

Amma zegt:

'Als mantra's oprecht en met toewijding worden gereciteerd, kan men geestelijke rust en kalmte verkrijgen. Dit zal het aantal gedachten verminderen. Als er minder gedachten zijn, zul je meer geestelijke rust krijgen. Spanning en mentale onrust worden veroorzaakt door de talloze gedachtegolven die op hun beurt allerlei negatieve neigingen zoals lust, boosheid, jaloezie, hebzucht etc. teweegbrengen. Als mantra's met concentratie worden gereciteerd, stellen ze ons in staat om zowel de plezierige als pijnlijke ervaringen van het leven als de wil en zegen van God te accepteren. Dit is niet mogelijk als je gebeden alleen dienen om wensen te vervullen. Dat zal slechts helpen om je verdriet en teleurstellingen in het leven te vergroten. Geestelijke kalmte is het allerbelangrijkst.'

Om het aantal gedachten met succes te verminderen moeten we ons scherp bewust worden van onze geest door middel van meditatie. Dit richt onze aandacht naar binnen op de geest in plaats van op uiterlijke zaken. De geest bestaat uit het gebruikelijke geroezemoes of gekwebbel en ook uit zeer krachtige gevoelens en gedachten, die ons kunnen motiveren in actie te komen en die geluk of ellende voor ons creëren. Zij zijn de draden die het doek van de geest vormen. Zij zijn de *vasana's* of gewoontegedachten. Hierdoor opgeladen spreken en handelen we, waarbij we ondergedompeld worden in de oceaan van karma, plezierig of pijnlijk.

De drie guna's

Sommige gedachten en gevoelens kalmeren de geest en anderen brengen hem in beroering. De gedachten die hem kalmeren zijn sattva, en zij die hem afleiden en ons lijden veroorzaken zijn rajas en tamas. Dit zijn de drie *guna's* (kwaliteiten) waaruit het Universum bestaat.

Heer Krishna zegt:

Als uit iedere opening van dit lichaam een licht van wijsheid omhoogkomt, dan weten we dat *sattva* overheerst.

Hebzucht, activiteit, het ondernemen van werk, onrust, verlangen ontstaan als *rajas* overheerst, O Heer van de Bharata's.

Duisternis, onvoorzichtigheid, traagheid en vergissing ontstaan als *tamas* overheerst, O afstammeling
van Kuru.

Als de belichaamde de dood ontmoet als sattva
overheerst, dan bereikt hij de zuivere regionen van de
kenners van het Hoogste.

Als de dood wordt ontmoet in rajas, wordt hij geboren onder hen die gehecht zijn aan actie; en stervend in
tamas wordt hij geboren in de schoot van de irrationele.

De vrucht van goed handelen, zo wordt gezegd, is
sattva en zuiver, terwijl de vrucht van rajas pijn is en de
vrucht van tamas onwetendheid is.

Uit sattva ontstaat wijsheid, uit rajas hebzucht;
achteloosheid en vergissing ontstaan uit tamas evenals
onwetendheid.

Zij die sattva volgen, gaan omhoog; die rajas volgen
blijven in het midden en die het verloop van de laagste
guna, tamas, volgen, gaan naar beneden.

Als de belichaamde aan deze drie guna's, die de
oorzaak van het lichaam zijn, voorbij is gegaan, wordt
hij bevrijd van geboorte, dood, verval en pijn en bereikt
hij Onsterfelijkheid.

     – Bhagavad Gita, Hoofdstuk 14, vers 11-18, 20

Hierna volgt een uitputtende lijst met eigenschappen die uit de
drie guna's voortkomen. Door daarmee bekend te raken, kunnen
we begrijpen waar we met betrekking tot de guna's staan en waar
we naar toe moeten.

Sattva: geduld, vreugde, tevredenheid, zuiverheid, voldoening, vertrouwen, vrijgevigheid, vergeving, standvastigheid,
liefdadigheid, evenwicht, waarheid, mildheid, bescheidenheid,

kalmte, eenvoud, onthechting, onverschrokkenheid, aandacht voor de belangen van anderen en mededogen voor alle wezens.

Rajas: trots op persoonlijke schoonheid, macht uitoefenen, oorlog, stekeligheid, afwezigheid van mededogen, heen en weer geslingerd tussen geluk en ellende, plezier in het kwaadspreken over anderen, graag ruziemaken en twistgesprekken voeren, arrogantie, grofheid, angst, inlaten met vijandigheden, verdriet, toe-eigenen van wat anderen toebehoort, schaamteloosheid, slechtheid, grofheid, lust, woede, trots, aanmeten van superioriteit, wreedheid en anderen zwartmaken.

Tamas: achteloosheid, luiheid en traagheid, laksheid en zich vergissen, onstandvastigheid, vulgair gedrag, koppigheid, valsheid, slechtheid, sloomheid, uitstellen.

Tamas kan overwonnen worden door rajas, die op zijn beurt kan worden gesublimeerd door sattva. We moeten de geest zozeer kalmeren dat er helemaal geen eigenschappen meer zijn, alleen maar gewaarzijn, bewustzijn, gelukzaligheid. Maar, zoals de Heer zegt:

Waarlijk, deze Goddelijke Illusie van Mij, gevormd door de guna's, is moeilijk te overwinnen. Zij die alleen Mij zoeken, overstijgen deze Illusie.
– Bhagavad Gita, Hoofdstuk 7, vers 14.

Dit is erg moeilijk. Deze strijd om mentale zuiverheid wordt *tapas* of ascese genoemd. Er is geen andere weg. Ieder levend wezen moet deze strijd vroeg of laat aangaan en daardoor sterk genoeg worden om de geest volledig onder controle te brengen. Als we geen moeite doen om onszelf te verheffen, zullen onze negatieve vasana's ons verslinden en ons veel lijden bezorgen, leven na leven.

Laat de mens zich door zichzelf verheffen, laat hij zichzelf niet verlagen, want hij alleen is zijn eigen vriend,
hij alleen is zijn eigen vijand.

Voor degene die zijn zelf door zijn zelf heeft overwonnen, is zijn eigen zelf de vriend van hemzelf, maar
voor degene die zijn zelf niet heeft overwonnen, is zijn
eigen zelf een vijand zoals een (externe) tegenstander.

– Bhagavad Gita, Hoofdstuk 6, vers 5-6

Het leven van een vlinder

Een leerling vond op een dag een cocon en nam hem mee naar
zijn klaslokaal dat in het biologielaboratorium was. De leraar
zette hem in een ongebruikt aquarium met een lamp om de
cocon warm te houden. Het duurde ongeveer een week totdat er
een kleine opening begon te ontstaan aan de onderkant van de
cocon. De leerlingen keken ernaar toen hij begon te schudden.
Plotseling verschenen kleine antennes gevolgd door het kopje en
kleine voorpootjes. De studenten renden tussen de lesuren terug
naar het lab om de voortgang van de cocon te controleren. Tegen
lunchtijd had hij zijn futloze vleugels vrij gewurmd; de kleuren
lieten zien dat het een monarchvlinder was. Hij wiebelde, schudde
en worstelde, maar nu leek hij vast te zitten. Ook al probeerde
hij nog zo hard, de vlinder leek zijn lichaam niet door de kleine
opening in de cocon te kunnen wurmen.

Ten slotte besloot een leerling om de vlinder uit zijn moeilijke
situatie te helpen. Hij pakte een schaar van de tafel, knipte het
beperkende omhulsel van de cocon los en daar floepte een insect-
achtig ding naar buiten. De bovenste helft leek op een vlinder
met hangende vleugels, de onderste helft die net uit de cocon
gekomen was, was groot en opgezwollen. Maar de vlinder kon
absoluut niet vliegen met zijn onvolgroeide vleugels; hij kroop in

het rond op de bodem van het aquarium en sleepte zijn vleugels en gezwollen lichaam achter zich aan. Na korte tijd stierf hij. De volgende dag legde de biologieleraar uit dat de worsteling van de vlinder om door de kleine opening te komen noodzakelijk was om de vloeistoffen van het gezwollen lijfje in de vleugels te persen zodat ze sterk genoeg waren om te vliegen. Zonder de krachtinspanning ontwikkelden de vleugels zich niet en kon de vlinder niet vliegen. Zoals de vlinder kunnen wij ons zonder krachtinspanning ook niet spiritueel ontwikkelen.

Een leven gewijd aan spiritualiteit kan soms ontmoedigend zijn. Amma zegt dat we na een val niet moeten blijven liggen. Sta op en ga verder. De val is niet zo belangrijk; wat belangrijk is, is de voortdurende inspanning om te slagen.

De ervaring van Thomas Edison

We hebben allemaal gehoord van de ervaring van Thomas Edison. Hij probeerde tweeduizend verschillende materialen uit toen hij zocht naar een gloeidraad voor de gloeilamp. Toen niets bevredigend werkte, klaagde zijn assistent: 'Al ons werk is vergeefs. We hebben niets geleerd.'

Edison antwoordde vol zelfvertrouwen: 'We hebben een lange weg afgelegd en we hebben veel geleerd. We weten nu dat er tweeduizend elementen zijn die we niet kunnen gebruiken om een goede gloeilamp te maken.'

Amma zegt dat alleen een Goeroe onze vasana's volledig kan weghalen. Dit kan betekenen dat we door eigen inspanning slechts tot een bepaald punt kunnen komen en dat de Goeroe dan de transcendente Waarheid door haar genade moet openbaren of dat de Goeroe alles vanuit de diepten van onze geest naar buiten zal brengen, zodat we het kunnen zien en het dan afhandelen. We moeten ons van alles wat aanwezig is bewust worden om ons huis schoon te maken. We moeten onze geest echt heel diep reinigen. De meesten van ons zijn helemaal blind voor wat daar aanwezig is. We kunnen gemakkelijk de fouten van anderen zien of datgene waarvan we denken dat het fouten zijn, maar we zijn gelukzalig onbewust van de onze. Christus zei: 'En waarom kijk je naar de splinter in het oog van je broeder, maar houd je geen rekening met de balk in je eigen oog?'

Hoe zal de Goeroe dit doen? Amma zegt:

> De Goeroe zal obstakels en verdriet voor de leerling creëren. De leerling moet dat allemaal door intense sadhana overwinnen. Spiritualiteit is niet voor luie mensen. De moeilijkheden op subtiel niveau zijn zwaar vergeleken met het verdriet in de uiterlijke wereld. Maar er is niets te vrezen voor iemand die zijn leven aan een Satguru wijdt.

> De Goeroe zal de leerling op verschillende manieren testen. Alleen iemand die begiftigd is met sterke vastberadenheid kan al deze testen doorstaan en op het spirituele pad verdergaan. Maar als de leerling eenmaal voor die testen is geslaagd, stroomt de oneindige Genade van de Goeroe onbelemmerd naar hem. Alles wat de Goeroe doet, is alleen voor de spirituele vooruitgang van de leerling. Het is absoluut onmogelijk voor hem om anders te handelen. Amma spreekt over een Satguru, niet over iemand die zichzelf als Goeroe bestempelt. Een echte spirituele meester gedraagt zich soms misschien zelfs vreemd. Hij wordt misschien boos op de leerling zonder speciale reden, scheldt hem uit en verwijt hem fouten die hij niet heeft begaan. Maar dat ogenschijnlijk vreemde gedrag is niet omdat de Goeroe boos is op de

student. Dat is de methode van de Goeroe om overgave, geduld en acceptatie bij te brengen.

Er lijkt geen einde te komen aan de golven van vasana's die naar boven komen. We kunnen ze nooit bevredigen door eraan toe te geven. Ze zullen door de herhaling alleen maar dieper geworteld worden. Als we een enkele lijn met potlood op papier tekenen, kan die gemakkelijk met een gummetje weggehaald worden, maar als de lijn vele keren is overgetrokken, zal het uitgummen moeilijker worden. Een zekere mate van wereldlijke vreugde en ervaringen bevredigt onze begeerten en gewoonten, maar tegelijkertijd moeten we beseffen dat alleen zelfbeheersing en onderscheid tussen wat echt is en wat slechts echt schijnt te zijn (maar in werkelijkheid onze verbeelding is), ze volledig uitroeit. De Goeroe geeft een oprechte leerling misschien wat armslag om zijn vasana's te verminderen, maar hij weet wanneer hij er een einde aan moet maken en de leerling zich verder moet laten ontwikkelen. Maya maakt het ons onmogelijk om onze hachelijke situatie echt te begrijpen.

De liefde van de Goeroe

'Meester, hoe hard ik ook probeer mijn geest in te perken, hij gaat uit naar de genietingen van deze wereld. Vaak denk ik eraan u te verlaten zonder u in te lichten. Maar mijn liefde voor u weerhoudt me ervan zo'n ondankbare stap te nemen. Mijn Heer, wat moet ik doen? Leidt u mij', smeekte een toegewijde zijn Goeroe. Het was pas een maand geleden dat hij naar de ashram van zijn Goeroe was gekomen.

'Kind, ook ik heb jouw felle innerlijke strijd gezien. Diep verankerde verlangens zijn moeilijk te overwinnen. Wees niet bang. Ga de wereld in. Leid enige tijd een gezinsleven en bevredig de intense verlangens van je geest. Maar houd je geest voortdurend

gericht op de Lotusvoeten van de Heer. Verlies nooit je doel uit
het oog. Kom over tien jaar terug. Blijf niet langer.'

De toegewijde nam afscheid van zijn Goeroe. Hij ging naar
zijn geboorteplaats, trouwde en stichtte een gezin. Hij had zijn
Goeroe met hart en ziel gediend en de genade van zijn Goeroe
verdiend. Succes was aanstaande. Spoedig was hij een van de
welvarendste mensen uit de stad met een liefdevolle vrouw en
leuke kinderen.

Tien jaren verstreken.

Een bedelmonnik stond op de stoep van de bungalow van
de toegewijde. Toen de kinderen zijn sjofele voorkomen zagen,
renden ze angstig het huis in. Zijn vrouw overlaadde de sadhoe
met beledigingen, die onaangedaan bleef en de heer des huizes
wilde zien. De echtgenoot van de vrouw herkende zijn Goeroe.
Op waardige wijze groette hij zijn oude Meester en bood hem
een zitplaats aan.

'Wel, tien jaar zijn verstreken. Heb je je verlangens al kunnen
bevredigen?'

'Ik heb genoten van alles wat de wereld mij heeft te bieden,
Gurudev. Ik zou weg kunnen gaan om terug te keren naar de
ashram, maar hoe kan ik deze kleine kinderen zonder zorg achterlaten? Staat u mij toe om een paar jaar langer te blijven, hen op
te voeden en ervoor te zorgen dat ze hun leven op orde krijgen.
Dan zal ik me zeker bij u voegen.'

Opnieuw gingen tien jaar voorbij.

Deze keer begroette een oude man de sadhoe. Zijn vrouw
had de wereld verlaten. Zijn zonen waren jongemannen die nu
hun eigen gezin hadden.

'Mijn geliefde Goeroe,' zei hij, 'het is waar dat ik mijn plichten van het gezinsleven heb vervuld. Al mijn kinderen zijn nu
grootgebracht en geslaagd in het leven. Toch zijn ze jong. Ze zijn

vervuld van de geneugten van de wereld. Ze hebben geen verant-
woordelijkheidsbesef. Als ze achtergelaten worden, verkwisten ze
misschien alle hard verdiende rijkdom van hun vader en lijden
dan honger. Ik moet hun gezinsbudget plannen en hun acties
begeleiden. Laat u me alstublieft nog een paar jaar langer hier
blijven totdat ze zijn opgegroeid tot echte volwassenen en ze de
verantwoordelijkheden van het huishouden op zich nemen. Dan
zal ik zeker weggaan en me bij de ashram aansluiten.

Zeven jaar verstreken hierna.

De Goeroe kwam terug om zijn leerling te bezoeken.

Een grote hond bewaakte de ingang. Hij herkende hem; het
was de toegewijde. Hij ging het huis binnen en kwam erachter
dat hij een paar jaar geleden was overleden. Zijn band met de
familie was zo sterk dat hij geboren werd als hond en zijn huis en
kinderen bewaakte. De Goeroe ging de ziel van de hond binnen.

'Wel, mijn kind, ben je nu klaar om me te volgen?'

'Zeker over een paar jaar, mijn Goeroe,' antwoordde de hond.
'Mijn kinderen zijn nu op de top van hun geluk en welvaart, maar
ze hebben meerdere jaloerse vijanden. Over een paar jaar zullen ze
vrij van angst en zorgen zijn. Dan zal ik naar de ashram terugkeren.

Tien jaar gingen voorbij.

De sadhoe kwam terug naar het huis. De hond was ook gestor-
ven. Hij zag door zijn intuïtie dat zijn leerling de vorm van een giftige
cobra had aangenomen en onder het huis woonde. De Goeroe besloot
dat het tijd was om hem van zijn begoocheling te bevrijden.

'Broeder,' sprak hij tot de kleinzoon, 'er is een giftige cobra
in de ruimte onder je huis. Het is een gevaarlijke slang. Wees zo
vriendelijk hem daar weg te laten halen. Dood hem alstublieft niet.
Geef hem flink op zijn donder, breek zijn rug en breng hem bij me.'

Toen de jongeman onder het huis keek, was hij verbaasd dat
de woorden van de sadhoe waar waren. Hij riep alle jongeren van

het gezin bij elkaar en ze begonnen de cobra te slaan. Zoals door de sadhoe gevraagd doodden ze hem niet, maar verwondden hem zodanig dat hij niet in staat was te bewegen. De sadhoe streelde teder zijn kop, drapeerde hem snel om zijn schouders en verliet stilletjes de kleinkinderen. Zij waren ook uitermate blij dat ze wonderbaarlijk van het giftige schepsel gered waren.

Op weg terug naar de ashram sprak de Goeroe tegen de cobra: 'Lief kind! Niemand is tot nu toe in staat geweest zijn zintuigen en geest te bevredigen. Begeerte is niet te lessen. Zodra er een verdwijnt, komen er een dozijn andere naar boven. Onderscheid is je enige toevlucht. Word wakker! In ieder geval in je volgende leven moet je de Opperste Werkelijkheid verwezenlijken.'

'Gurudev', huilde hij bitter. 'Wat bent u genadig! Hoe ondankbaar ik ook bleek te zijn, u hebt me altijd welwillend gevolgd, me nooit uit het oog verloren en me teruggebracht aan uw lotusvoeten. Er is waarlijk niemand in de hele wereld die zo vol van goddelijke liefde is als een Goeroe. Er is geen onbaatzuchtige liefde in de wereld behalve tussen een echte Goeroe en zijn leerling.'

De echte Goeroe is God. Hij is binnen in ons in al onze levens en openbaart zich als de leraar, als we klaar zijn om naar onze Bron terug te keren. De Goeroe zal ons bij Hem brengen en een diepe en permanente relatie ontwikkelen. Maar deze relatie is anders dan de relatie tussen twee mensen. Het is een relatie tussen God en de Ziel. Hij zal hoe dan ook de transformatie van de oprechte leerling bewerkstelligen en daarbij een einde maken aan zijn zwerftocht en hem doen ontwaken tot zijn Ware Aard van Zuiver Bewustzijn.

HOOFDSTUK ELF

Getuige zijn

Vooraanstaande mensen als Amma vertellen ons dat we onze geest intelligent moeten gebruiken, niet alleen om onze wereldse zaken te verbeteren, maar ook om ver voorbij onze tegenwoordige dierlijke staat te komen tot de staat van Goddelijkheid, de staat voorbij de gewone denkende geest. Amma zegt dat de mensheid in staat is om permanente geestelijke vrede te ervaren, eeuwige gelukzaligheid, volmaakte tevredenheid en eenheid met de Universele Oorzaak – *Satchitananda Brahman* of God. We zijn allemaal niet alleen kinderen van God maar we zijn manifestaties van Dat. We zijn als de golven op het oppervlak van de oceaan, die hun bron en steun vormt. Door sadhana en Goddelijke Genade kunnen we onze alwetende, almachtige aard ervaren. Als we daarin slagen worden we Gerealiseerde Zielen of *Jnani's*.

Amma zegt:

Kinderen, gevestigd worden in de houding van getuige zijn is het echte doel van het leven. Je werkt misschien en gebruikt je geest en intellect, je woont misschien in een huis en hebt een gezin, je hebt een hoop familieverantwoordelijkheden en je hebt veel officiële verplichtingen, maar als je eenmaal in het echte Centrum gevestigd bent, kun je alles doen zonder uit dat Centrum te raken. Als je in die staat bent, betekent dat niet dat je passief

89

blijft zonder je plichten te vervullen. Je bent misschien bezorgd om de studie van je kinderen, de gezondheid van je ouders en je vrouw of echtgenoot enzovoorts, toch blijf je te midden van al deze problemen getuige van alles wat er gebeurt en alles wat je doet. Van binnen ben je volmaakt stil en onverstoorbaar.

Als een acteur de rol van een schurk in een film speelt, schiet hij zijn vijand misschien dood, wordt boos, is wreed en verraderlijk, maar wordt de acteur van binnen echt boos of wreed? Is hij werkelijk zo? Natuurlijk niet; hij is slechts getuige van alles wat hij doet. Hij staat mentaal aan de zijkant en acteert zonder erdoor meegesleept of geraakt te worden. Hij identificeert zich niet met de uiterlijke uitdrukkingen van zijn lichaam. Op dezelfde manier wordt iemand die gevestigd is in de staat van getuige zijn nooit geraakt of verstoord, wat de omstandigheden ook zijn.

De houding van getuige zijn is iets wat iedereen kan oefenen. Het is een kwestie van volhardende, bewuste inspanning. Wanneer we onze normale kalmte verliezen door boosheid, wrok, angst of verlangen, probeer dan in het centrum van je hart te blijven; stop en ga voorzichtig door. Loop niet op de zaken vooruit. Beoefen onthechting, reageer niet.

Thomas Jefferson zei dat je, als je boos bent, tot tien moet tellen voordat je iets zegt. Als je heel boos bent, tel dan tot honderd.

Loop niet te klagen dat bepaalde mensen boos op je zijn en dat ze je bekritiseerd en uitgescholden hebben. Laat hen zelfs jou de les lezen als ze kritiek op je hebben. Blijf gewoon rustig. Probeer kalm te blijven. Je kalmte zal de ander ontwapenen. Als je reageert of terugslaat, betekent dat dat je hebt geaccepteerd wat de ander over je gezegd heeft en dan zullen ze nog meer zeggen. Er is geen manier om aan dergelijke onenigheid een einde te maken en het eindresultaat is vernedering, boosheid, haat, wraak en dergelijke. Waarom houd je je bezig met zulke destructieve processen? Houd stilte in acht, blijf rustig. Of als je het wil aanvaarden, ontvang het als een gift van God. Als je onvermurwbaar en vastbesloten bent om het als een demonische uitdaging te accepteren, kan niemand je redden van de uiteindelijke ramp, zelfs God niet.

– Amma

Omgaan met kritiek

Er was eens een politicus die zijn uiterste best deed. Maar omdat hij een mens was, maakte hij fouten en werd bekritiseerd. Verslaggevers maakten melding van zijn fouten in de kranten. Hij raakte zo geërgerd dat hij naar het platteland reed om zijn beste vriend, een boer, te bezoeken. 'Wat moet ik doen?' riep de politicus. 'Ik heb zo mijn best gedaan. Niemand heeft harder dan ik geprobeerd om meer te doen voor meer mensen en kijk hoe ze kritiek op me hebben!'

Maar de oude boer kon de klacht van zijn geplaagde vriend de politicus nauwelijks horen omdat zijn hond als een dwaas tegen de volle maan blafte. De boer gaf zijn hond een standje maar de hond bleef blaffen. Uiteindelijk zei de boer tegen de politicus: 'Wil je weten hoe je om moet gaan met onredelijke critici? Zo doe je dat. Luister naar die hond, kijk dan naar de maan en onthoud, dat net als de hond mensen naar je blijven schreeuwen, ze zullen in je hielen bijten en ze zullen je bekritiseren. Maar hier is de les: de hond blijft huilen maar de maan blijft schijnen!'

Aanvankelijk lijkt het misschien onmogelijk, maar elk succes zal naar het volgende leiden. Wat we moeten doen is volhardend zijn en onze wilskracht ontwikkelen door steeds opnieuw te proberen. Amma legt veel nadruk op eigen inspanning. Uiteindelijk zullen we slagen om een volmaakte getuige te blijven zelfs onder de moeilijkste omstandigheden. Maar hoeveel succes we ook hebben, we mogen onze nederigheid niet verliezen. Misschien moeten we deze oefening 'Devotioneel Getuige zijn' noemen. We moeten altijd voor ogen houden dat elk succes, onze kennis en begrip allemaal door de genade van onze Goeroe of God komen. Een echt groot mens is een nederig mens.

De nederigheid van Socrates

Er wordt gezegd dat het orakel van Delphi Socrates tot de wijste man op aarde uitriep. Dus gingen een paar leerlingen naar hem toe en zeiden: 'U moet gelukkig zijn. Het orakel heeft verklaard dat u de wijste mens op aarde bent.'

Socrates lachte en zei: 'Er moet een vergissing in het spel zijn. Hoe kan ik de wijste man zijn? Ik weet slechts een ding en dat is dat ik niets weet. Dus er moet een vergissing zijn begaan. Ga terug en vertel dit het orakel.'

Ze gingen terug en vertelden het orakel: 'Socrates heeft zelf uw verklaring ontkend, dus er moet ergens een vergissing zijn gemaakt. Hij zegt dat hij niet wijs is, dat hij alleen weet dat hij niets weet.'

Het orakel zei: 'Daarom heb ik verklaard dat hij de wijste mens is, omdat alleen de wijste mens zoiets zegt.'

Alleen sukkels beweren dat ze belangrijk zijn. Het begin van echte wijsheid is te realiseren dat je niets weet. Pas dan ben je in een positie om echt iets te leren.

Een jonge kunstenaar

Een jonge freelance kunstenaar probeerde zijn schetsen te verkopen aan een aantal kranten. Ze wezen hem allemaal af. Een uitgever uit Kansas City zei hem dat hij geen talent had. Maar hij had vertrouwen in zijn vaardigheden en bleef proberen om zijn werk te verkopen. Ten slotte kreeg hij een baan waarin hij tekeningen maakte voor publiciteitsmateriaal voor een kerk. Hij huurde een van muizen vergeven garage om zijn schetsen te maken en bleef freelance tekeningen produceren in de hoop dat iemand ze wilde kopen.

Een van de muizen in de garage moet hem hebben geïnspireerd want hij ontwikkelde een cartoonfiguur genaamd Mickey Mouse. Walt Disney kwam eraan!

Om zo'n soort wilskracht te ontwikkelen en een bewustzijnstoestand te bereiken waarbij je getuige blijft, zijn andere oefeningen essentieel. Momenteel hebben de meesten van ons een losgeslagen en verwarde geest. Daarom is onze geest zwak. Neem een dunne draad en trek aan beide kanten. Dan breekt hij snel. Maar als we een aantal draden tot een koord vlechten, kunnen we er zware dingen mee optillen. Evenzo, als er in onze geest veel verschillende gedachten zijn, is elke gedachte zwak. Maar als we ons kunnen richten op een enkele gedachte, zal de geest zeer sterk en krachtig worden en zullen we in toenemende mate vrede ervaren. Dat is het doel van het herhalen van een mantra. Het zal langzaamaan de vele gedachten tot een enkele reduceren. Dan is het gemakkelijk om alle gedachten uit te bannen.

Terwijl we dit doen, of liever, als we welke oefening dan ook doen die erop gericht is de geest stil te maken, worden we misschien moe en teleurgesteld over de koppigheid van de geest. Alleen veel japa doen maakt de geest soms droog. Dit gebeurt regelmatig. Ontspan, doe het een poosje rustig aan. Er is geen noodzaak om je te doden om realisatie te bereiken. Overdreven inspanning kan een depressieve mentale toestand veroorzaken. Het is alsof je te veel gewicht met een onontwikkelde spier probeert op te tillen.

Antonius de woestijnvader

Op een dag was de bekende monnik, Antonius de Woestijnvader, met zijn leerlingen voor zijn hut aan het rusten toen een jager langskwam. De jager was verbaasd om Antonius te zien rusten en bejegende hem uit de hoogte omdat hij het rustig aan deed. Dat was niet zijn idee van wat een heilige monnik hoort te doen.

Antonius antwoordde: 'Span je boog en schiet een pijl.' De jager deed het. 'Span hem nogmaals en schiet nog een pijl' zei Antonius. De jager deed het, telkens opnieuw.

De jager zei uiteindelijk: 'Broeder Antonius, als ik mijn boog altijd gespannen houd, zal hij breken.'

'Zo is het ook met de monnik,' antwoordde Antonius. 'Als we ons buitensporig belasten, zullen we breken. Het is goed om van tijd tot tijd onze inspanningen te verminderen.'

Als we bij Amma zijn, laten we dan onze wereldlijke en zelfs onze spirituele problemen vergeten. Als we erg met onze problemen bezig zijn, maakt ons dat soms blind voor haar Goddelijke Aanwezigheid. Laat we ons koesteren in haar gelukzalige en genezende aanwezigheid die overal om haar heen straalt. Zoveel mensen hebben gezegd dat ze veel opluchting voelen zowel fysiek als mentaal als ze bij haar zijn. Neem een duik in de Oceaan van Gelukzaligheid die Amma is en kom er verfrist uit en klaar om de reis naar Huis voort te zetten.

HOOFDSTUK TWAALF

Smacht naar God

Verwijder de duisternis van onwetendheid door met een
brandend hart aan God te denken.
Er moet totale overgave zijn aan die Ene die in ons is
in de gedaante van onze eigen ziel

— Amma

W e willen gelukkig zijn, maar velen van ons zoeken er
niet naar op de plaats waar wijze mensen zeggen dat
het is. Natuurlijk hebben we allemaal geluk gevonden in spiritualiteit, in ieder geval in enige mate. We weten van
horen zeggen dat we het Opperste Licht zijn, maar de meesten
voelen noch zien het. We hebben geen directe ervaring van de
Werkelijkheid, *Aparokshanubhuti*. Dit kan een zeer frustrerend
stadium zijn in onze reis terug naar God. Er bestaat een gezegde
dat er maar twee zorgeloze en gelukkige mensen in deze wereld
zijn: de volstrekt onwetende en de volstrekt wijze. Alle anderen
worstelen.

Omdat we die gelukzaligheid in ons niet hebben, blijven we
smachten naar geluk. We smachten naar geluk met alle beschikbare middelen en dan voelen we verdriet omdat datgene waarvan
we dachten dat het ons gelukkig zou maken, na enige tijd niet
werkt. Dat is het mysterie dat we leven noemen.

Als we naar het hoogste geluk zouden smachten zouden
we nooit teleurgesteld worden, zegt Amma. Maar we moeten

niet stoppen voordat het doel is bereikt. We doen dat over het algemeen niet met betrekking tot onze wereldlijke doelen. We blijven het proberen totdat we slagen. De Upanishaden zeggen ons: 'Sta op, word wakker, stop niet totdat het doel is bereikt!' Dit is het zeer inspirerende advies en we moeten dit gedurende heel ons leven voor ogen houden. We moeten het ook toepassen op ons spirituele leven.

We zullen niet bevrijd worden uit deze slaperige duisternis van onwetendheid, totdat we uit volle borst schreeuwen zoals een baby die echt zijn moeder wil. Een moeder roept haar kind om thuis te komen voor de lunch, maar het kind luistert niet omdat het te druk is met spelen. De moeder roept steeds opnieuw zonder resultaat. Ze geeft het ten slotte op. Na enige tijd krijgt het kind echt honger en roept om zijn moeder om hem mee naar huis te nemen. Deze roep lijkt op de voorbode van Godsrealisatie, de intense roep om God of de inspanning om de Werkelijkheid te bereiken. We moeten kunnen huilen om God zoals Amma deed.

O Moeder, mijn hart is verscheurd door deze pijn van scheiding! Waarom smelt Uw hart niet als u deze einddeloze stroom tranen ziet? O Moeder, vele Grote Zielen hebben U aanbeden en daardoor Uw visioen gehad en werden voor eeuwig een met U. O Lieve Moeder! Open alstublieft de deur van Uw meedogende hart voor deze nederige dienaar van U! Ik snak naar lucht zoals iemand die aan het verdrinken is. Als u niet bereid bent naar mij te komen, maak dan alstublieft een einde aan mijn leven.

O Moeder, hier is Uw kind die op het punt staat dood te gaan, verdrinkend in onpeilbare wanhoop. Dit hart breekt. Deze benen komen niet meer vooruit. Ik ben aan het stuiptrekken zoals een vis op het droge. O

Moeder, U bent mij niet gunstig gezind. Ik heb U niets
te bieden dan de laatste ademtocht van mijn leven.

– Amma

Blijkbaar is deze intensiteit van voelen en concentratie nodig om
de illusie van Maya te doorbreken. Niets wat tot de schepping
behoort, kan Maya breken. Het zal onderdeel van de droom zijn.
Alleen de absolute stilte van de geest die op God gericht is, kan
de cyclus doorbreken of ons wakker maken uit onze diepe slui-
merstaat. In die toestand zal de waarheid dat alles een is worden
ervaren. Dat is het moment van bevrijding van alle lijden en het
bereiken van gelukzaligheid.

Er moet totale overgave aan die Ene zijn die in ons is
in de gedaante van onze eigen ziel.

– Amma

Beschouw God niet als ergens los van je. Dat Wezen is je toever-
laat, je bron van energie en intelligentie. We moeten proberen te
leren wat bedoeld wordt met 'overgave'. Het wordt samengevat
in Amma's woorden: 'Maak je geen zorgen, Amma is bij je.' Met
andere woorden, leid je leven van alledag, waarbij je met verschillende situaties omgaat zo goed als je intelligentie kan begrijpen.
Aanvaard de resultaten als de wil van God en heb vrede met zowel
vreugde als pijn. Zoals Heer Krishna in de Bhagavad Gita zegt:

Waarlijk, deze goddelijke Illusie van Mij die bestaat uit
de guna's of eigenschappen van de Natuur, is moeilijk
te doorbreken. Wie alleen Mij zoekt, hij zal deze illusie
overwinnen.

– Hoofdstuk 7, vers 14

Vrij van hartstocht, angst en boosheid, verzonken in
Mij, hun toevlucht tot mij nemend, gezuiverd door het

vuur (tapas) van wijsheid, hebben velen Mijn wezen
bereikt.

– Hoofdstuk 4, vers 10

Naar dat Doel moet gezocht worden, vanwaar niemand
terugkeert die er heen is gegaan. Zoek uw toevlucht tot
het Oorspronkelijke Wezen van waaruit de Eeuwige
Stroom voortkwam.

– Hoofdstuk 15, vers 4

De Heer woont in het hart van alle schepselen, O
Arjuna, door Maya laat Hij alle wezens ronddraaien
alsof zij op een machine zijn gezet.

Neem uw toevlucht tot Hem met heel uw wezen,
O Bharata; door Zijn Genade zul je opperste vrede
verkrijgen, de eeuwige verblijfplaats.

– Hoofdstuk 18, vers 61-62

HOOFDSTUK DERTIEN

Wees als een kind,
maar niet kinderlijk

Toegewijde: Amma zegt dat we een karakter zoals dat van een kind moeten ontwikkelen. Maar als ik dat doe, blijk ik veel problemen te krijgen met anderen die mijn onvolwassen daden en woorden afkeuren. Doe ik iets verkeerd?

Amma: We moeten onschuldig zoals een kind worden. Kleine kinderen hebben bepaalde eigenschappen die volwassenen moeten ontwikkelen om spirituele vooruitgang te boeken. Maar ze hebben ook enkele eigenschappen die absoluut niet moeten worden ontwikkeld als we gelukkig willen zijn. Dat komt door hun onderontwikkelde intellectuele vermogen dat normaal gesproken moet rijpen met de jaren. Volwassenen groeien fysiek, maar sommigen blijven kinderlijk.

L aten we eerst de eigenschappen bekijken die niet ontwikkeld mogen worden.

Egoïsme: De meeste kinderen zijn extreem egoïstisch. Ze houden alleen rekening met wat zij willen en gaan huilen, krijgen woedeaanvallen en worden heel boos als ze niet krijgen wat ze willen. Dit is een kinderlijke eigenschap die volwassenen niet mogen hebben; toch hebben veel volwassenen deze eigenschap.

Dat komt, zegt Amma, doordat hun intellect niet volwassen is geworden hoewel hun lichaam is volgroeid.

Gebrek aan onderscheidingsvermogen: Ze praten en doen veel zinloze dingen zonder aan de consequenties te denken. Met andere woorden ze maken niet goed onderscheid tussen wat wel en niet gezegd en gedaan hoort te worden.

Onverantwoordelijk: Ze hebben geen verantwoordelijkheidsgevoel en doen waar ze zin in hebben. Ze hebben geen gevoel voor plicht of fatsoensnormen.

Kinderen, een moeder moet veel geduld hebben bij het opvoeden van haar kinderen. Een moeder moet het karakter van het kind vormen. Het kind leert zijn eerste lessen van liefde en geduld van zijn moeder. Ze kan niet gewoon over liefde en geduld spreken en van haar zoon of dochter verwachten dat ze die eigenschappen aannemen. Nee, dat is onmogelijk. Ze moet een voorbeeld van liefde en geduld stellen door die eigenschappen altijd in praktijk te brengen door de wijze waarop ze met haar kind omgaat.

Een kind kan natuurlijk heel koppig en onverzettelijk zijn, maar dat is de aard van de meeste kinderen omdat hun geest niet volledig ontwikkeld is. Omdat ze alleen maar met hun eigen behoeften bezig zijn, kunnen ze heel egoïstisch en koppig zijn. Maar dat is toegestaan want het is niet tegengesteld aan de wetten van de natuur. Maar als een moeder koppig en ongeduldig wordt, is dat erg schadelijk. Dat creëert een hel. Een moeder moet geduldig zijn, geduldig als de aarde.

Een vader is net zo betrokken bij het opvoeden van de kinderen als een moeder. Een vader moet ook geduld hebben. Als een vader ongeduldig wordt, is dat het einde van het onschuldige leven vol vertrouwen van het kind. Het zal als een ongeduldig en koppig kind opgroeien, want het heeft niet ervaren wat het betekent om geduldig te zijn omdat niemand heeft voorgedaan wat dat is. Sociaal gezien heeft zo'n kind een moeilijke tijd. Vrienden zullen geen geduld hebben; van vriendinnen of vrienden kan niet worden verwacht dat ze geduld hebben. De maatschappij zal niet geduldig zijn met een ongeduldige jongen of meisje. Kinderen zullen geen gelegenheid hebben om geduld en liefde van anderen te leren als ze deze eigenschappen niet van hun ouders meekrijgen.

Kinderen laten zien wat hun is geleerd en wat ze ervaren hebben tijdens hun opvoeding. Daarom moet je heel zorgvuldig en voorzichtig zijn uit liefde voor je kind. Wees voorzichtig met wat je zegt. Wees voorzichtig met wat je doet omdat ieder woord dat je uitspreekt en elke daad die je doet, een diepe indruk op de geest van je kind maakt. Het dringt diep zijn hart door omdat dat de eerste dingen zijn die hij hoort of ziet. Dat zijn de eerste indrukken die onuitwisbaar in zijn geest worden vastgelegd. De moeder is de eerste persoon met wie het kind in contact komt. Dan komt de vader. Daarna de oudere broers en zussen. Alle andere relaties komen later in het leven. Oefen daarom in het bijzijn van je kinderen controle over je geest uit. Schep een fijne thuisomgeving waarin ze kunnen opgroeien. Anders zul je veel zorgen in de toekomst krijgen.

De onschuldige eigenschappen die Amma ons aanbeveelt te ontwikkelen zijn:

In het nu leven: Kinderen denken zelden aan het verleden of de toekomst. Zij zijn geabsorbeerd in het nu en dus zijn ze, als hun omstandigheden niet moeilijk zijn, altijd zorgeloos en gelukkig. De last van zorgen lijkt een eigenschap van volwassenen te zijn.

Gelijkheid voor iedereen: Een kind oordeelt niet over mensen. Man of vrouw, van welke kleur, religie of nationaliteit ook, rijk of arm, jong of oud, het is allemaal hetzelfde voor een klein kind. Kinderen vertrouwen gewoonlijk iedereen en zijn voor niemand bang.

Geen sterke gehechtheid aan wat dan ook: Een kind kan met een speeltje spelen dat heel dierbaar voor hem lijkt te zijn, maar het volgende ogenblik kan hij het achter zich laten en naar een volgend speeltje gaan. Zelfs als iets van hem wordt afgepakt, is het verdriet uiterst kortstondig. Zelfs zijn relaties met mensen zijn zo, behalve in het geval van zijn meest nabije familie zoals moeder of vader, zus of broer.

Geen seksuele aantrekkingskracht: Ze hebben geen seksuele aantrekkingskracht of gevoel van onderscheid op grond van geslacht. Alle vrouwen zijn mamma, alle mannen zijn papa. Ze lijden niet aan de afleiding die volwassen mensen hebben. Ze leven in hun eigen gelukzalige wereld van eenvoud en onschuld.

Boosheid is kortstondig: Hun boosheid duurt slechts kort. Ze koesteren niet lang wrok tegen iemand, in tegenstelling tot volwassenen. Ze zien mensen niet als slecht, zelfs als ze dat wel zijn. Er wordt gezegd dat Koning Yudhishthira, beroemd uit de Mahabharata, geen vijanden had en geen slechte mensen zag, hoewel duizenden hem tijdens de oorlog probeerden te doden. Zijn neef Duryodhana zag alleen slechte mensen en kon geen goed in anderen zien.

Een gevoel van verwondering en spontaniteit: Een kleine jongen kwam voor de eerste keer in zijn leven in een dorp ver van de grote stad. Hij stond op het trottoir toen een oude man aan kwam rijden met zijn paard en wagen en een winkel binnenging. De jongen bleef verbaasd naar het paard staren, een dier dat hij niet eerder in zijn leven had gezien. Toen de oude man uit de winkel kwam en op het punt stond weg te rijden, zei het kind: 'Hé Meneer! Ik moet u waarschuwen dat hij zojuist zijn benzine heeft verloren!'

Aan de overkant van de straat in een fruitstalletje stond een klein meisje met een bananenschil in haar hand: 'Wat wil je, liefje?' vroeg de verkoper.

'Opnieuw vullen,' klonk het antwoord.

HOOFDSTUK VEERTIEN

Werken moet aanbidden worden

Veel toegewijden vinden dat ze geen tijd kunnen vinden om veel spirituele oefeningen te doen, hetzij door hun drukke leven of door gebrek aan wilskracht. Sommigen voelen zich afgeleid door hun werk. Ze voelen zich verscheurd tussen twee werelden, de spirituele, waarvan ze thuis of in de ashram in enige mate genieten, en de alledaagse wereld. Het contrast is te veel voor hen. Amma zegt: 'Kinderen, maak van al je handelingen een aanbidding van God.' Maar is dat mogelijk als we reëel zijn?

Sommige mensen bereiken vrede door veel meditatie en een leven in afzondering. Anderen bereiken het door de constante herinnering aan God of de Goeroe terwijl ze hun handelingen verrichten. Beide zijn moeilijk. Per slot van rekening is het geen eenvoudige taak om de rusteloze geest onder controle te krijgen.

Om ons werk in aanbidding te veranderen moeten we op andere momenten een devotionele houding ontwikkelen. Als we 's morgens wakker worden, moeten we onmiddellijk mediteren en enige momenten in bed bidden in plaats van naar de badkamer te snellen of naar de keuken te gaan om de krant te lezen. Als we bidden, kunnen we God vragen om alle daden gedurende de dag als aanbidding van Hem te accepteren en verzoeken dat onze geest naar Hem zal stromen zoals de Ganga naar de oceaan stroomt. Tijdens de dag kunnen we *japa* doen als we van en naar ons werk gaan. Nadat we thuisgekomen zijn, gegeten hebben en wat tijd met het gezin hebben doorgebracht, moeten we tijd doorbrengen met het lezen van de Bhagavad Gita of de Srimad Bhagavatam. Of we kunnen het onderricht van onze Goeroe lezen. Indien mogelijk kunnen we een paar bhajans zingen en een paar mantra's reciteren. Voor het slapen gaan vraag je God om vergeving voor fouten die we gedurende de dag hebben gemaakt en vraag je dat je slaap een lange teraardewerping voor Hem zal zijn.

Een keer per maand kunnen we de hele dag in sadhana doorbrengen, thuis of, beter nog, weg van huis op een mooie afgelegen plek. Ik kan uit ervaring spreken. Toen ik in Berkeley woonde, voordat ik naar India vertrok in 1968, bracht ik veel tijd door in de heuvels weg van mensen, studerend, mediterend en biddend. Het hielp me veel.

> Afzondering is essentieel. We moeten tijd besteden aan het beoefenen van alleen maar sadhana om onze geest te zuiveren door af te komen van de slechte vasana's die we in het verleden hebben verzameld. Afzondering zal onze geest behoeden voor afleiding en de geest zal zich zo naar binnen richten.
>
> – Amma

Op deze wijze zal geleidelijk aan een stroom van denken aan God en vrede ons dagelijks bestaan doordringen. We worden ons bewust van de gedachten en daden die onze vrede verstoren en proberen dan onze wegen te veranderen. We beginnen ons zelfs in stressvolle situaties vredig te voelen. Dingen brengen ons niet van de kook zoals ze dat eerder deden. We worden veel minder reactief en meer getuige, een toeschouwer in plaats van altijd maar te reageren en op en neer te gaan met plezier of pijn.

Zij die eenzaamheid boven het leven in de wereld verkiezen, moeten ook hun negatieve vasana's aanpakken. Mahatma's zeggen dat vasana's of gewoonten het belangrijkste obstakel vormen voor het ervaren van de vrede die in ons verborgen ligt, voorbij de denkende geest. Het probleem is dat de meeste onzichtbaar en onbekend voor ons zijn, omdat ze in de onderbewuste geest zitten. Door langdurige en diepe meditatie komen ze uiteindelijk aan de oppervlakte, zodat we ons ervan bewust worden en stappen nemen om hen te vernietigen. Het lijkt er echter op dat de weg van de yogi in de grot een veel langzamere en pijnlijkere weg is dan de weg van hem die er altijd en onder alle omstandigheden naar streeft om God in gedachten te houden. De vasana's van de tweede komen aan het licht wanneer er zich omstandigheden voordoen die ze naar boven brengen. Zij die intensieve sadhana doen terwijl ze in de wereld verblijven, komen sneller, geleidelijker en op een natuurlijke manier van hun vasana's af dankzij de wisselwerking met de wereld.

Als we in de wereld of met anderen leven, hebben we genoeg gelegenheid om boosheid, een van de meest voorkomende en krachtigste destructieve gewoonten, uit te roeien. Hoe is het mogelijk om de reikwijdte van onze latente boosheid te leren kennen als we alleen in een grot zitten?

In het allereerste begin van mijn spirituele leven zag ik iets dat een indruk voor het leven op me maakte. Ik was net aangekomen in Arunachala, toen een oudere toegewijde uit de ashram mij een rondleiding aanbood langs de heilige plekken in en rond Tiruvannamalai. We zagen veel grotten op de Heilige Berg en ook enkele kleine tempels. Toen gingen we naar een grot op een plek die Pazhavakunram Hill heette, waar een yogi vele jaren had verbleven. We stonden op enige afstand van de grot, toen een herder met een paar geiten daar langskwam. Plotseling rende de yogi woedend uit de grot en schreeuwde tegen de herder en zei dat hij alle geiten zou doden, als de herder langs bleef komen en zijn meditatie verstoorde!

Deze demonstratie van boosheid door een persoon die jaren in een grot aan het mediteren was, was echt een schok voor me. Het leek niet iets te zijn wat ik zou willen doen. Ongetwijfeld vergde het veel wilskracht, maar het leek de verborgen duisternis van het ego niet te verminderen.

Een toegewijde die de genade van God verlangt, moet altijd op zijn woorden letten. Spraak is erg krachtig, niet alleen voor degenen die het horen, maar net zo veel, als het niet meer is, voor degenen die spreken. Het kan de atmosfeer zuiveren of vervuilen en dit geldt ook voor je eigen geest.

Diamanten en padden

Er was eens een vrouw die twee dochters had. De oudste dochter leek heel veel op haar moeder qua uiterlijk en handelen. Ze waren allebei zo onvriendelijk en trots dat er niet met hen viel te leven.

De jongste dochter leek op haar vader, omdat ze goed en zachtaardig en erg mooi was. Omdat mensen van nature hun eigen gelijkenis liefhebben, was de moeder erg gek op haar oudste dochter en had tegelijkertijd een grote afkeer van de jongste. Ze liet haar eten op de keukenvloer en liet haar altijd werken. Het doet enigszins denken aan Assepoester.

Dit arme kind was onder andere verplicht om twee keer per dag een grote kruik water uit de bron in het bos twee kilometer van het huis te halen.

Toen ze op een dag bij de bron aankwam, kwam een arme vrouw op haar af en smeekte om een slok.

'Maar, natuurlijk mevrouw,' zei het lieve kleine meisje. Ze nam wat koel helder water uit de bron en hield de kruik zodanig dat de vrouw gemakkelijk kon drinken.

Toen de vrouw klaar was, zei ze: 'Je bent zo lief, mijn engel, zo goed en aardig, dat ik het niet kan laten je een geschenk te geven.' Deze figuur was in werkelijkheid een fee, die de vorm van een arme plattelandsvrouw had aangenomen om te zien hoe dit meisje haar zou behandelen. 'Het geschenk dat ik je geef,' vervolgde de fee, 'is dat bij ieder woord dat je spreekt een bloem of een juweel uit je mond zal komen.'

Toen het meisje thuiskwam, voer haar moeder tegen haar uit omdat ze zo lang bij de bron was gebleven. 'Vergeeft u mij mamma,' zei het arme meisje, 'dat ik niet meer haast heb gemaakt.' En terwijl ze sprak, kwamen er uit haar mond twee rozen, twee parels en twee grote diamanten.

'Wat zie ik daar?' vroeg haar moeder erg verbaasd. 'Het lijkt erop dat ik parels en diamanten uit de mond van het meisje zie komen! Wat is er gebeurd, mijn kind?' Dit was de eerste keer dat ze haar ooit 'mijn kind' had genoemd of vriendelijk tegen haar gesproken had.

Het arme kind vertelde haar moeder alles wat er bij de bron gebeurd was en over het geschenk van de oude vrouw. De hele tijd vielen er juwelen en bloemen van haar lippen.

'Dit is heerlijk', riep de moeder. 'Ik moet mijn andere kind naar de bron sturen. Kom meisje, kijk wat er uit de mond van je zus komt als zij spreekt! Zul je niet blij zijn als jij hetzelfde geschenk kreeg? Alles wat je moet doen is de kruik meenemen naar de bron in het bos. Als een arme vrouw je om een slok water vraagt, geef het haar dan.'

'Het zal me wat zijn,' zei het zelfzuchtige meisje. 'Ik ga geen water halen! Mijn zus kan me haar juwelen geven. Zij heeft ze niet nodig.'

'Ja, je doet het wel,' zei de moeder, 'en je gaat nu gelijk.'

Uiteindelijk ging de oudste dochter, de hele tijd mopperend en vloekend. Ze nam de beste zilveren kruik uit het huis mee.

Ze had de bron amper bereikt, toen ze een prachtige vrouw uit het bos zag komen. Ze kwam naar haar toe en vroeg haar om een slok. Dit was dezelfde fee die haar jongere zus had ontmoet, maar nu had ze de gedaante van een prinses aangenomen.

'Ik ben hier niet gekomen om je water te geven,' zei de trotse, zelfzuchtige meid. 'Denk je dat ik deze zilveren kruik zo ver heb meegenomen om jou een slok te geven? Je kunt net zo goed als ik water uit de bron halen.'

'Je bent niet erg beleefd,' zei de fee. 'Omdat je zo onbeleefd en zo onvriendelijk bent, is het geschenk dat ik je geef, dat bij ieder woord dat je spreekt slangen en padden uit je mond komen.'

Zodra de moeder haar dochter zag komen, riep ze uit: 'Wel, mijn lieve kind, heb je de goede fee gezien?'

'Ja moeder,' antwoordde het trotse meisje en toen ze sprak vielen er twee slangen en twee padden uit haar mond.

'Wat zie ik daar?' riep de moeder. 'Wat heb je gedaan?'

Het meisje probeerde te antwoorden maar bij ieder woord kwamen er padden en slangen van haar lippen.

En zo was het vanaf dat moment altijd. Juwelen en bloemen vielen van de lippen van de jongste dochter die zo goed en aardig was, terwijl de oudste dochter niet kon praten zonder een regen van slangen en padden.

Als we erin geslaagd zijn de innerlijke stroom van Godsherinnering wakker te maken, zal er een unieke stilte gevoeld worden achter al onze gedachten en emoties. Zelfs in activiteit kunnen we dat met 'de ene hand' vasthouden terwijl de 'andere hand' aan het werk is. Geleidelijk aan zullen we onthecht raken van al onze activiteit en in die vrede verblijven zelfs als we intensief aan het werk zijn. Eigenlijk is meditatie tijdens het werk een uitermate effectieve sadhana. We worden zoals een acteur op het podium en spelen onze rol, maar vereenzelvigen ons er niet mee. Dan zullen we de betekenis van Shakespeare's woorden begrijpen:

De hele wereld is een podium,
En alle mannen en vrouwen slechts spelers;
Ze verdwijnen van het toneel en komen op,
En een man speelt als het zijn tijd is vele rollen
Zijn daden omspannen zeven eeuwen...

Vechten zonder boosheid

Een verhaal dat het waard is verteld te worden vond plaats in het leven van een koning die erin was geslaagd om zelfs zijn gevechten aan God op te dragen. Hij vocht dertig jaar tegen een erg sterke vijand. Uiteindelijk kwam er op een dag een kans. De vijand viel van zijn paard en de koning sprong op hem met zijn speer. In slechts een seconde zou de speer het hart van de man doorboren en zou alles afgelopen zijn. Maar op dat moment deed de vijand iets: hij spuugde in het gezicht van de koning en de speer stopte. De koning raakte zijn gezicht aan, stond op en zei tegen de vijand: 'Morgen beginnen we opnieuw.'

De vijand was in verwarring. Hij zei: 'Wat is er aan de hand? We hebben hier dertig jaar op gewacht. Ik had gehoopt dat ik op een dag mijn speer tegen je borst zou houden en dat we er een eind aan konden maken. Die gelegenheid is mij nooit gegund maar is er nu voor jou. Je had me in een enkel ogenblik kunnen afmaken. Wat is er met je aan de hand?'

De koning zei: 'Dit was geen gewone oorlog. Ik heb een eed afgelegd dat ik zonder boosheid zal vechten. Dertig jaar lang vocht ik zonder boosheid. Maar een moment, juist nu, ontstond er boosheid. Toen je spuugde, voelde ik boosheid en het werd persoonlijk. Ik wilde je doden; het ego kwam omhoog. Tot dit ogenblik, dertig jaar lang was dat helemaal geen probleem, we vochten voor een zaak. Je was mijn vijand niet, het was op geen enkele wijze persoonlijk. Ik was er niet in geïnteresseerd om je te doden. Ik wilde winnen voor de zaak. Maar voor een ogenblik vergat ik de zaak. Je was mijn vijand en ik wilde je doden. Daarom kan ik je niet doden. Dus morgen beginnen we opnieuw.'

Maar de oorlog begon nooit opnieuw omdat de vijand een vriend werd. Hij zei: 'Onderricht me nu. Wees mijn meester en laat me je leerling zijn. Ik wil ook zonder boosheid kunnen vechten.'

De Bhagavad Gita leert dit principe van onthechte activiteit op kristalheldere wijze:

> Door hetzelfde om te gaan met plezier en pijn, winst en verlies, succes en nederlaag, bereid je voor op de strijd (van het leven).
>
> – Hoofdstuk 2, vers 38

> Daarom, zonder gehechtheid, doe voortdurend datgene wat gedaan moet worden. Door te handelen zonder gehechtheid bereikt de mens het Allerhoogste.
>
> – Hoofdstuk 3, vers 19

> Terwijl je alle handelingen aan Mij opdraagt, met je gedachten verblijvend in het Zelf, vrij van hoop, vrij van egoïsme, gespeend van rusteloosheid, vecht.
>
> Zij die deze lessen voortdurend trouw en zonder klagen beoefenen, zij worden ook bevrijd van handelingen (karma).
>
> – Hoofdstuk 3, vers 30-31

> Met het lichaam, met de geest, met het intellect, ook met alleen de zintuigen handelen yogi's zonder gehechtheid, voor de zuivering van het zelf. Hij die vastberaden

is, afstand doet van het resultaat van handelen, bereikt
de vrede die voortkomt uit toewijding. Hij die niet vast-
beraden is, gehecht is aan het resultaat door verlangen,
raakt stevig gebonden.

– Bhagavad Gita, Hoofdstuk 5, vers 11-12

Door het onderricht van een Meester te bestuderen of door om te
gaan met een verlicht iemand als Amma krijgen we vertrouwen
dat het onderricht van spiritualiteit de ultieme waarheid is. De
ware aard van het individu, die veel subtieler dan het lichaam
en de geest is, is het meest subtiele principe van onverwoestbaar
bewustzijn, het *Atman* of 'Ik'. Het Atman en zijn bron, Brahman,
de Opperste Werkelijkheid, zijn in essentie één, zoals een vonk en
vuur. Spiritualiteit is een levenswijze gericht op het ultieme doel
van het leven, dat de verwerkelijking of directe ervaring van de
eenheid van Atman met het Hoogste Wezen of God is. Totdat
dit wordt ervaren, blijft het individu geboren worden, lichaam
na lichaam, in de oorsprongloze cyclus van geboorte, dood en
wedergeboorte die *samsara* wordt genoemd. De technieken van
het transcenderen van de vereenzelviging met het lichaam-geest
complex worden Yoga genoemd, die beoefend moeten worden
tot aan het bereiken van Bevrijding uit samsara.

Bewaar je vertrouwen

Als je je vertrouwen verliest, zal dat een treurig gevoel
van zinloosheid voortbrengen.

– Amma

Hoe verliezen we dit vertrouwen? Soms wordt vertrouwen
geschokt door je in te laten met mensen of boeken die puur
materialisme propageren. We verliezen onze spirituele richting of
doel en denken dat alleen materialisme zinnig is. Zelfs de plaats
waar we wonen en het voedsel dat we eten kan zo'n verandering

113

teweegbrengen. Als we de weg van het materialisme opgaan, zullen we uiteindelijk gedesillusioneerd raken, misschien in dit leven of in een toekomstig leven, want de individuele ziel of *jiva* kan nooit bevredigd worden door materialisme. Waarom niet? Omdat we, in essentie, geest zijn die tijdelijk gebonden is aan een lichaam. In deze uitgestrekte Schepping zijn we continu aan het dwalen op zoek naar blijvend geluk. We kunnen de staat van vervulling alleen bereiken door samen te smelten met onze spirituele bron. Daarom zegt Amma: als je de weg kwijtraakt, zal een treurig gevoel van zinloosheid je overvallen.

> 'Schenk aandacht aan de essentie van Amma's advies en cultiveer innerlijke zuiverheid. Dan, kinderen, zal de Goddelijke Wereld van Eeuwige Gelukzaligheid in jullie stralen.
>
> – Amma

Wat is de essentie van Amma's onderricht? Realiseer het Zelf. Hoe pak je dat aan? De eerste stap is cultivering van innerlijke zuiverheid. Lichamelijke zuiverheid, wassen en het schoonhouden zal geen innerlijke zuiverheid teweegbrengen. Als dat zo zou zijn, zouden eenden en vissen zuivere geesten hebben en allemaal heiligen zijn. Innerlijke zuiverheid betekent zuiverheid van de geest. We weten allemaal wat zuivere en onzuivere gedachten zijn. Zuivere gedachten zorgen ervoor dat we ons vredig en gelukkig voelen. Onzuivere gedachten winden ons op en maken ons rusteloos en ongelukkig. We moeten onderscheid tussen deze twee maken, de eerste verwerpen en de laatste bevorderen. Dat is geen eenvoudige opgave. Door onwetendheid over echte spiritualiteit zijn we ons eeuwenlang te buiten gegaan aan onzuivere, wereldse gedachten. Alle spirituele oefeningen dienen om de geest te zuiveren van rajas- en tamasgedachten en het vermeerderen van de sattvagedachten. Alle sadhana is daarop gericht. Uiteindelijk moeten zelfs de sattvagedachten verworpen worden zodat de Goddelijke Natuur kan dagen.

De Goddelijke Wereld van Eeuwige Gelukzaligheid is in ons; het is de ware aard van de gezuiverde geest. 'Het Koninkrijk Gods is in je' zei Christus. In welke werelden we ook mogen leven, ons innerlijk gevoel zal er een van vreugde zijn, van onveranderlijke, onvervalste gelukzaligheid en vrede. Als de geest rusteloos is, is dat de hel zelf. Zelfs als iemand feitelijk in de hel is, zal een zuivere geest in gelukzaligheid verblijven. Die staat is voorbij pijn.

Een soefiheilige

Mansur Al-Hallaj was een beroemde soefi uit de tiende eeuw. Hij werd gemarteld en terechtgesteld in 922 AD omdat hij gezegd had: 'Ana al Hacq' dat 'Ik ben de Waarheid' betekent. Hij stierf met een glimlach op zijn gezicht vanuit de kennis van het Zelf.

De Bhagavad Gita zegt over deze staat:

Als hij, na Het bereikt te hebben, denkt dat er niets hoger is; als hij, in zo'n staat gevestigd, zelfs door enorm lijden niet van zijn stuk raakt;

Deze verbreking van de eenheid met pijn, wordt Yoga genoemd. Die Yoga moet beoefend worden met vastberadenheid en niet met een terneergeslagen hart.

Zonder voorbehoud alle uit fantasie ontsproten verlangens loslaten, alle zintuigen uit alle hoeken door de geest beteugelen;

Laat hij zich stukje bij beetje terugtrekken door de rede (buddhi) te beheersen; de geest gevestigd in het Zelf houdend, laat hem aan niets denken.

Als de onstandvastige geest om welke reden dan ook afdwaalt, beteugel hem en breng hem direct onder controle van het Zelf.

Opperste Gelukzaligheid komt tot die Yogi, wiens geest helemaal kalm is, van wie de hartstocht tot bedaren is gebracht, die Brahman is geworden, die onbezoedeld is.

De yogi die aldus het zelf altijd voor ogen houdt, bevrijd is van zonden, bereikt met gemak de oneindige gelukzaligheid van het contact met de (Opperste) Brahman.

– Hoofdstuk 6, vers 22-28

HOOFDSTUK VIJFTIEN

De grote kracht van Maya

Maya, de grote kracht van illusie, houdt ons tegen om spiritueel vooruit te gaan. We brengen onze dagen door in lichaamsbewustzijn met een hart vol verdriet. Wat jammer dat de duivel van verlangen, die ons door illusoire verleidingen beïnvloedt, ons in de donkere afgrond van Maya schopt en ons tot voedsel voor de god van de dood maakt. Als je in zijn greep komt, wees dan beducht, want je zult je ziel verliezen. Aan alle zorgen zal slechts een einde komen, als je je verlangens opgeeft en je hoop alleen op God gericht houdt.

– Amma

Maya, de goddelijke kracht van illusie trekt, ons altijd naar beneden, weg van Godsrealisatie, weg van onze bron, de Oceaan van Gelukzaligheid. Zij laat ons ons Werkelijke Zelf vergeten en laat ons ons identificeren met het vergankelijke deel van onszelf, het lichaam en de persoonlijkheid. Als dat is gebeurd, weten we niet wat echt geluk is. Dan zoeken we het eindeloos in plezier van de zintuigen en de geest. We zullen altijd afwisselend verdriet en geluk ervaren, onophoudelijk tot aan de dood. De enige verlichting die we lijken te krijgen is tijdens de droomloze slaap. Zelfs de dood zal geen oplossing zijn voor dit eeuwige probleem. Dezelfde begoocheling zal blijven bestaan in de volgende wereld en zelfs daarna. Als we dit begrijpen en weten dat de enige oplossing Bevrijding is, moeten we er intens naar streven om dat te bereiken.

Droevig genoeg, laat Maya veel dingen er aantrekkelijk uitzien als mogelijke bron van vreugde of geluk en maakt ze ons blind voor de lelijke aspecten, de pijnlijke mogelijkheden of waarschijnlijkheden. We worden vooral misleid door het fysieke uiterlijk. Fysieke schoonheid trekt iedereen aan en toch kennen we allemaal de uitdrukking: 'Niet alles wat blinkt is goud'. Iemand kan goed gekleed, knap of mooi zijn, maar van binnen een duivel zijn. Als we voorbij de buitenkant konden zien, dan zouden we niet zo verrukt zijn! Helaas, zelfs na een leven lang achter Maya aan gehold te hebben, bereiken we nog steeds niet het geluk of de blijvende vrede die we verlangen. We blijven dezelfde dingen keer op keer doen, zoals een koe herkauwt. En, in tegenstelling tot Amma, kunnen we het Onvergankelijke niet in het vergankelijke zien door onze beperkte waarneming.

Het merkwaardigste is nog dat we, zelfs als we horen, begrijpen en weten dat dit waar is, niet in staat zijn er serieus iets aan te doen om het te herstellen. Zelfs als we beginnen op ons pad terug naar de Waarheid, trekken onze oude gewoonten ons keer op keer terug in de oceaan van samsara. We denken dat spirituele waarheden een vroom doel zijn en niet de hardnekkige waarheid. We zijn als schepsels op de bodem van de oceaan en helemaal niet genegen om naar de oppervlakte te zwemmen om van het licht te genieten. Alleen als de enorme ernst van onze situatie begint te dagen, zullen we de vereiste inspanning verrichten om te ontsnappen. Tot dat moment zal Amma zeggen: 'Doe dit, mijn kinderen' en wij zullen zeggen: 'Nog niet Amma. Ik heb nog andere belangrijke dingen te doen.'

De rijke koopman

Er was eens een zeer rijke koopman, die veel winkels en warenhuizen bezat. Tussen zijn kantoor en huis stond een kleine Shivatempel. Elke avond als hij naar huis ging, stopte hij daar en aanbad de Heer en legde al zijn zorgen aan Zijn voeten. Hij bad gewoonlijk: 'O, Heer Shiva, ik ben moe van dit leven. Wat een zorgen, wat een werk, wat een slapeloze nachten! Bevrijd mij alstublieft van al deze problemen door mij naar Uw voeten te brengen!' Dit was elke dag zijn gebed. Maar hij kwam erg laat na zijn werk naar de tempel en dit stoorde de tempelpriester. De tempel moest om negen uur 's avonds gesloten worden, maar de koopman kwam pas na tienen. Dat betekende dat de priester op moest blijven totdat de koopman was vertrokken. Hij kon dit ook niet weigeren uit angst dat hij zijn baan zou verliezen, omdat de man een invloedrijk persoon was. Hij bad daarom tot de Heer om een manier om deze last op te laten houden.

Uiteindelijk kwam de priester met een plan. Het was tien uur toen de man zoals gewoonlijk bij de tempel aankwam. De priester verborg zich achter de beeltenis van Heer Shiva. De koopman begon zijn gebruikelijke gebed. 'O, Heer, ik ben klaar met dit ellendige leven. Breng mij alstublieft naar Uw voeten.' Nauwelijks had hij dit gezegd, toen een bulderende stem uit het binnenste heiligdom kwam. 'Kom, kom ogenblikkelijk naar Mij en ik zal je voor altijd meenemen.' De man viel bijna flauw van de schrik. Nadat hij zijn stem had teruggevonden, riep hij: 'Heer! Vergeef mij, maar ik heb honderd plichten te vervullen. Het huwelijk van mijn dochter is geregeld voor volgende week, mijn zoon moet naar de medische faculteit worden gebracht en mijn vrouw is nog niet terug van het huis van mijn schoonzoon. Ik heb nog een warenhuis gekocht en de overdracht is a.s. vrijdag. Als ik dat allemaal geregeld heb, zal ik komen, mijn Heer!' Terwijl de koopman dit zei, rende hij de tempel uit en hoefde de priester nooit meer laat op te blijven omdat de man nooit meer terugkwam!

Elke dag horen we over succesvolle en ambitieuze jonge mensen die plotseling doodgaan. 'Natuurlijk overkomt mij dat niet,' denken we. We blijven tot het einde bezwijken voor de aantrekkingskracht van Maya. We raken verstrikt in het najagen van een of ander doel, waarbij we de waarheid vergeten en 'voedsel worden voor de god van de dood.' Alleen als we een leven leiden van toewijding aan spirituele verwerkelijking, zullen we op het tijdstip van ons vertrek uit deze wereld naar God gaan in plaats van naar die andere god (van de dood).

Beheersing van verlangens

De beroemde Russische auteur en filosoof Leo Tolstoi schreef een verhaal dat een metafoor is voor de noodzaak om grenzen aan onze wensen te stellen, de grote verleidingen van Maya. Het brengt mooi het inzicht naar voren dat we door de dood te vergeten het najagen van onze doelen kunnen overdrijven en uiteindelijk het ontbijt van die god worden.

Er was eens een boer die Pahom heette. Hij werkte hard en eerlijk voor zijn familie, maar hij had geen eigen land en dus bleef hij altijd arm. Vlak bij het dorp van Pahom woonde een vrouw, een eigenaresse van een stuk land van 120 hectare. Op een winterdag ging het nieuws rond dat de vrouw haar land ging verkopen. Pahom hoorde dat een buurman van hem twintig hectare ging kopen en dat de vrouw ermee had ingestemd om de helft in cash te accepteren en op de andere helft een jaar te wachten.

Pahom en zijn vrouw staken de koppen bij elkaar en overwogen hoe ze het voor elkaar konden krijgen het land te kopen. Ze hadden honderd roebel gespaard. Ze verkochten een veulen en de helft van hun bijen, verhuurden een van hun zonen als arbeider en namen zijn loon alvast op. Ze leenden de rest van een zwager en zo schraapten ze de helft van de koopsom bijeen. Toen ze dit hadden gedaan, koos Pahom een stuk van zestien hectare, waarvan een deel uit bos bestond. Hij ging naar de vrouw en kocht het.

Dus nu had Pahom eigen land. Hij leende zaad en zaaide het, en de oogst was goed. Binnen een jaar had hij het voor elkaar om zijn schulden aan de vrouw en zijn zwager terug te betalen. Dus werd hij landeigenaar, ploegde en zaaide zijn eigen land, produceerde hooi op zijn eigen land, hakte zijn eigen bomen om en gaf zijn vee te eten op zijn eigen weide.

Op een dag toen Pahom thuis zat, kwam een boer die door het dorp trok bij hem langs. Pahom vroeg hem waar hij vandaan kwam en de vreemdeling antwoordde dat hij van de andere kant van de Wolga kwam, waar hij gewerkt had. Van het een kwam het ander en de man zei dat er daar veel land te koop was en dat veel mensen erheen verhuisden om land te kopen. Het land was zo goed, zei hij, dat één boer die niets had dan zijn blote handen nu zes paarden en twee koeien had.

Het hart van Pahom werd vervuld van verlangen. 'Waarom zou ik in deze benauwde uithoek lijden,' dacht hij, 'als iemand zo riant elders kan wonen? Ik zal mijn land en boerderij hier verkopen en met het geld zal ik daar een opnieuw beginnen en alles nieuw krijgen.'

Dus verkocht Pahom zijn land, hoeve en vee met winst en verhuisde zijn gezin naar de nieuwe nederzetting. Alles wat de boer hem had verteld was waar en Pahom was tien keer beter uit dan voorheen. Hij kocht veel landbouwgrond en weiland en kon net zoveel koeien houden als hij wilde.

In het begin, druk in de weer met bouwen en inrichten, was Pahom blij met alles, maar toen hij eraan gewend raakte, begon hij te denken dat hij zelfs hier niet tevreden was.

Op een dag vertelde een passerende landverkoper dat hij net terugkwam uit het land van de Bashkirs, ver weg, waar hij vijfduizend hectare land voor slechts duizend roebel had gekocht.

'Het enige wat je hoeft te doen is vrienden worden met de leiders,' zei hij. 'Ik gaf voor ongeveer honderd roebel aan kamerjassen en tapijten weg, evenals een kist thee en ik gaf wijn aan hen die wilden drinken. Ik kreeg het land voor minder dan een stuiver per hectare.'

Pahom dacht: 'Daar kan ik meer dan tien keer zoveel land krijgen als ik nu heb. Ik moet het proberen.'

Dus liet hij zijn gezin achter om voor de boerderij te zorgen en ging op reis. Hij nam zijn bediende mee. Ze stopten in een stadje onderweg en kochten een kist thee, wat wijn en andere cadeaus zoals de handelaar hem had aangeraden. Ze gingen maar door totdat ze meer dan vijfhonderd kilometer hadden afgelegd. Op de zevende dag kwamen ze bij een plaats waar de Bashkirs hun tenten hadden opgeslagen.

Zodra ze Pahom zagen, kwamen ze uit hun tenten en verzamelden zich rond de bezoeker. Ze gaven hem thee en volop eten. Pahom pakte zijn cadeaus uit zijn wagen, deelde ze uit en zei hun dat hij gekomen was voor een stuk land. De Bashkirs leken erg verguld en zeiden hem dat hij dat met hun leider moest bespreken. Dus gingen ze hem halen en legden uit waarom Pahom was gekomen.

De leider luisterde enige tijd, maakte toen een gebaar met zijn hoofd om ze stil te krijgen en wendde zich tot Pahom en zei:

'Ach, laat het zo zijn. Kies welk stuk land je maar wil. We hebben genoeg.'

'En wat zal de prijs zijn?' vroeg Pahom.

'Onze prijs is altijd hetzelfde: duizend roebel per dag.' Pahom begreep het niet.

122

'Per dag? Wat voor een maat is dat? Hoeveel hectare betekent dat dan?'

'We verkopen het per dag. Zoveel als je te voet kunt omcirkelen op een dag is van jou en de prijs bedraagt duizend roebel.'

Pahom was verbaasd. 'Maar op één dag kun je een groot stuk land rondlopen', zei hij. De leider lachte.

'Het zal allemaal van jou zijn' zei hij. 'Maar er is één bepaling: als je niet op dezelfde dag terugkomt op de plek vanwaar je bent vertrokken, ben je je geld kwijt.'

Pahom was opgetogen maar kon die nacht niet slapen. Hij bleef aan het land denken.

'Wat een groot stuk zal ik afbakenen', dacht hij. 'Ik kan gemakkelijk vijfenvijftig kilometer per dag lopen. De dagen zijn lang nu. Wat zal dat veel land zijn binnen een omtrek van vijfenvijftig kilometer!'

's Morgens maakten de Bashkirs zich klaar en ze gingen allemaal op weg. Ze gingen een heuvel op, stapten van hun wagens en van hun paarden af en verzamelden zich op een plaats. De leider kwam naar Pahom en strekte zijn arm over de vlakte uit.

'Kijk', zei hij: 'dit is allemaal, zover als het oog reikt, van ons. Je mag elk deel wat je wilt hebben.'

Pahoms ogen glommen, het was allemaal onontgonnen grond, zo vlak als de palm van je hand, zo zwart als het zaad van een papaver, en in de kommen groeiden verschillende soorten grassen tot op borsthoogte. Hij deed zijn overjas uit, stopte een klein zakje brood in de zak van zijn vest, bond een flacon water aan zijn broek en was klaar voor de start. Hij overwoog enige momenten welke kant hij het best op kon gaan, het was overal aantrekkelijk.

Pahom begon te lopen, niet langzaam en niet snel. Na ongeveer duizend meter stopte hij en concludeerde dat hij vijf kilometer had gelopen. Het was behoorlijk warm geworden nu; hij keek naar de zon, het was tijd om aan het ontbijt te denken.

'Ik zal nog vijf kilometer verdergaan,' dacht hij 'en dan linksaf gaan. Deze plek is zo goed dat het jammer zou zijn die te verliezen. Hoe verder je gaat, hoe beter het land lijkt te zijn.'

Hij ging een tijdje rechtdoor en toen hij in de rondte keek, was de heuvel nauwelijks zichtbaar en de mensen erop leken op zwarte mieren. Hij kon net iets zien glinsteren in de zon. 'Ach', dacht Pahom: 'ik ben ver genoeg in deze richting gegaan. Het is tijd om terug te keren. Bovendien heb ik veel dorst.'

Hij ging verder en verder, het gras was hoog en het was heel heet. Pahom begon moe te worden. Hij keek naar de zon en zag dat het midden op de dag was. 'Wel,' dacht hij: ik moet rust nemen.' Hij ging zitten en at wat brood en dronk wat water maar dacht: 'Een uur lijden om een leven lang te leven', dus ging hij weer op weg.

Hij liep een lange tijd en keek toen naar de heuvel. De hitte zorgde ervoor dat de lucht heiig was; hij leek te trillen en door de damp kon hij de mensen op de heuvel nauwelijks zien. Hij keek naar de zon; hij was bijna halverwege de horizon en hij was nog steeds vijftien kilometer van zijn doel af.

Pahom ging recht op de heuvel af, maar nu liep hij moeilijk. Hij was uitgeput door de hitte, zijn blote voeten hadden snijwondjes en blauwe plekken en zijn benen begonnen het te begeven. Hij verlangde naar rust maar dat was onmogelijk als hij voor donker terug wilde zijn. De zon wacht op niemand en hij zakte lager en lager.

Pahom liep maar door; het was moeilijk lopen maar hij ging sneller en sneller. Hij zette door maar was nog ver van de plek verwijderd. Hij begon te rennen. 'Wat zal ik doen', dacht hij weer.

'Ik heb te veel hooi op mijn vork genomen en heb de hele zaak verpest. Ik kan er nooit komen voor zonsondergang.'

En deze angst benam hem nog meer de adem. Pahom rende maar door, zijn drijfnatte hemd en broek plakten en zijn mond was uitgedroogd. Zijn borst werkte als de blaasbalg van een smid, zijn hart klopte als een hamer en zijn benen begaven het alsof ze niet van hem waren.

Pahom werd bevangen door de vrees dat hij dood zou gaan van de inspanning. Hoewel bang voor de dood, kon hij niet stoppen. 'Na die hele weg gerend te hebben, zullen ze me een dwaas vinden als ik nu stop.' Dus rende hij verder en verder en kwam dichterbij en hoorde de Bashkirs naar hem roepen en schreeuwen. Hun uitroepen zetten zijn hart nog meer in vuur en vlam. Hij verzamelde zijn laatste krachten en rende door.

De zon stond vlak boven de horizon en stond op het punt onder te gaan. De zon was behoorlijk laag, maar Pahom was ook behoorlijk dicht bij zijn doel. Pahom kon de mensen op de heuvel al met hun armen zien zwaaien om hem aan te moedigen. Met al zijn resterende kracht snelde hij verder, en boog zijn lichaam voorover zodat zijn benen nauwelijks snel genoeg konden volgen om te voorkomen dat hij viel. Net toen hij de heuvel bereikte, werd het plotseling donker. Hij keek op, de zon was al ondergegaan. Hij schreeuwde: 'Al mijn inspanning was tevergeefs!' Hij stond op het punt te stoppen toen hij de Bashkirs nog steeds hoorde schreeuwen. Hij herinnerde zich dat de zon op de heuvel nog zichtbaar was, hoewel op zijn plaats beneden de zon ondergegaan leek te zijn. Hij haalde diep adem en rende de heuvel op. Het was daar nog licht. Hij bereikte de top. Daar zat de leider, die zich te barsten lachte. Pahom slaakte een gil; zijn benen begaven het en hij viel voorover. Pahom was dood!

Zijn bediende pakte de schop en delfde een graf groot genoeg om Pahom in te leggen en begroef hem. Een meter tachtig van zijn hoofd tot zijn voeten was alles wat hij nodig had!

HOOFDSTUK ZESTIEN

God is degene die handelt

Alleen de genade van God kan vasana's verwijderen

In een veldslag tussen de hemelscharen en demonen overwonnen de eersten de laatsten. Zulke veldslagen vinden voortdurend plaats op alle niveaus van Bewustzijn tussen de positieve en negatieve krachten van deugd en ondeugd. Soms winnen de positieve krachten en op andere momenten gaat de overwinning naar de negatieve krachten. Op dit speciale ogenblik vierden de hemelscharen de overwinning; ze werden trots en dachten dat de overwinning aan hun kracht te danken was, waarbij ze de Onzichtbare Macht achter alle handelingen vergaten, die beschreven wordt als het Leven van het leven, of de Heer, de Goddelijke Kracht.

Om deze ijdelheid te verwijderen – een obstakel op het spirituele pad – verscheen de meedogende Opperste Brahman, de Alwetende, Zuiver Bewustzijn, voor hen in de gedaante van een mysterieuze geest, een *yaksha*, een bovenmenselijke, ongelofelijk krachtige, gigantische vorm die de hemelscharen nooit eerder hadden gezien. Ze waren uit het veld geslagen door de verschijning van dit erg wonderbaarlijke Wezen.

Agni, de vuurgod, werd afgevaardigd om uit te zoeken wie of wat dit Wezen precies was. Voordat de vuurgod zijn onderzoek kon beginnen, werd hij echter zelf door die yaksha aan een onderzoek onderworpen. Toen hem werd gevraagd wie hij was en welke krachten hij had, antwoordde de vuurgod ijdel dat hij de bekende vuurgod was, de belangrijkste van de hemelscharen en in staat om de hele wereld te verbranden. Zo bood hij de gelegenheid om zijn kracht te laten testen. Het Wezen legde een stukje droog stro voor Agni en vroeg hem het te verbranden. Dit lukte hem niet, want de yaksha, de Opperste Macht achter alle handelingen, had de kracht om te verbranden van hem afgenomen. Agni kon het zelfs niet aanraken of heen en weer schudden, een stukje droog stro! Met zijn hoofd terneergeslagen uit schaamte en frustratie ging Agni terug naar de goden.

Toen was de beurt aan Vayu, de windgod, om naar de ware aard van de yaksha te informeren. Toen hem hetzelfde als aan Agni werd gevraagd, wachtte hem hetzelfde lot. 'Ik kan alles op aarde wegblazen!' antwoordde Vayu trots. De yaksha legde een grassprietje voor hem neer en vroeg hem dit weg te blazen. Vayu probeerde het maar het bewoog helemaal niet. Hij probeerde het opnieuw uit alle macht, maar het grassprietje bewoog zelfs niet een beetje. Zijn ego was verpulverd. Uit het veld geslagen en terneergeslagen vroeg hij zelfs niet aan de yaksha wie hij was en keerde vernederd terug.

Vervolgens ging Indra, de koning van de hemelscharen, de keizer van de drie werelden, zelf en dacht dat wat andere goden niet konden hijzelf misschien wel kon, omdat hij hun koning was. Indra was zeker machtiger dan de andere goden onder hem.

Indra maakte zich klaar om te gaan maar toen hij de plek bereikte, verdween de yaksha. In zijn plaats zag hij een prachtige vrouw. Het was de Godin Parvati. Indra vroeg haar naar de yaksha en ze zei: 'De yaksha was het Goddelijk Wezen Zelf. Het is dankzij Zijn Kracht dat jullie over de demonen zegevierden.' Toen hij dit hoorde, besefte Indra dat de goden onbewust verwaand waren en dat de kracht achter alles en iedereen die van het Opperwezen is, de onzichtbare Alleskunner. Hij vertrok nederig en Parvati verdween. Indra informeerde toen de goden. Omdat hij de eerste god was die de kennis van het alvermogen van de Hoogste Geest verwierf, wordt hij als de grootste onder hen beschouwd.

Een les die men uit dit verhaal kan leren is dat negatieve vasana's alleen door de genade van God overwonnen kunnen worden. Zonder Zijn Kracht en Wil kan zelfs een graspriet niet bewegen. Nederigheid is een eerste vereiste om spirituele principes te leren. We moeten voortdurend beseffen dat Hij de show leidt en zelfs voor de minsten onder ons zorgt. Echte nederigheid ontstaat door het bewustzijn van Zijn Aanwezigheid in onze geest. Alleen maar een devotionele houding is niet genoeg om dat te bewerkstelligen. Het moet een directe ervaring worden die voortkomt uit intensieve sadhana en overgave.

In de woorden van die grote ziel van onthechting en vertrouwen, Christus:

> Beschouw de lelies op het veld, hoe ze groeien; ze zwoegen niet en spinnen niet; toch zeg ik jullie: Zelfs Salomon in al zijn glorie was niet zo gekleed als zij. Maar als God het gras op het veld zo kleedt, dat vandaag levend is en morgen in de oven wordt geworpen, zal Hij jullie dan niet veel beter kleden, jullie die weinig vertrouwen hebben? Wees daarom niet bezorgd, je afvragend: 'Wat zullen we vandaag eten?' of 'Wat zullen we drinken?' of 'Wat zullen we aandoen?' Zoek eerst Zijn koninkrijk en Zijn gerechtigheid, en al die dingen zullen ook jou toebehoren.

Achter elk incident op deze wereld, of het nu groot of klein, betekenisvol of betekenisloos is, is Hij alleen. Het is Zijn kracht die alles doet. Hij alleen is de oorzaak van zowel de overwinning van de winnaar als de nederlaag van de overwonnene. Hij verricht wonderen en elke gebeurtenis in ons leven zal een wonder blijken te zijn, als we er maar diep genoeg op ingaan. Hij is overal en toch kan hij niet gezien worden zoals wij een object of een persoon zien. Dus moeten we over Hem mediteren, als de Ultieme Oorzaak van alles wat hier in deze wereld en alle andere werelden gebeurt.

Overgave ontstaat door het besef van je eigen hulpeloosheid. Het besef dat alles wat je als van jou beschouwt, je intellect, schoonheid en charme, je gezondheid en bezit, niets zijn tegenover de grote en naderende dreiging van de dood. De dood zal alles afpakken. Dit besef maakt je wakker. Je wordt alert. Je realiseert je dat je aanspraak maakt op zaken die niet echt van jou zijn. Geef je daarom over. Je kunt van de vele pleziertjes van het leven genieten, maar je zult dit moeten doen in het besef dat het je elk moment kan worden afgenomen. Als je je leven leidt vanuit dit besef, zal overgave volgen.

Totdat je beseft dat je hulpeloos bent, dat je ego je niet kan redden en dat alles wat je hebt vergaard niets is, zal God of de Goeroe omstandigheden blijven creëren die je deze waarheid doen beseffen. Als dat gebeurt, zul je je overgeven. Dat wil zeggen, als je al je angst aflegt en de Goeroe of God op je ego laat dansen terwijl jij nederig aan Zijn voeten ligt. Dan word je een echte toegewijde. Dit is de echte betekenis van teraardewerping.

De uiteindelijke bestemming van alle zielen is het wegvallen van ieder obstakel voor vrede en tevredenheid. Als dat moment aanbreekt, wordt het ego losgelaten en zul je niet meer worstelen. Je zult niet protesteren noch zul je pauzeren om te bedenken of je alles los moet laten of niet. Je zult alleen maar buigen en je overgeven. Diep van binnen wacht iedere ziel op dit grote loslaten.

Een echt gebed zal nooit enige suggesties, instructies of eisen bevatten. De oprechte toegewijde zal eenvoudig zeggen: 'O Heer, ik weet niet wat goed of slecht voor me is. Ik ben niemand, niets. U weet alles. Ik weet dat alles wat U doet het beste voor mij is; daarom doe wat U wilt.' Bij echt bidden buig je je neer, geef je je over en verklaar je je hulpeloosheid aan de Heer.

– Amma

Het verschil tussen een spiritueel ingesteld persoon en iemand die dat niet is, zit in hun houding tegenover het leven, niet in hun ervaringen. Iedereen krijgt zijn of haar deel van plezier en pijn. Twee mensen hebben misschien vergelijkbare ervaringen, maar reageren er verschillend op. De een profiteert ervan en groeit in wijsheid, terwijl de ander dat niet doet. Een toegewijde ziet de hand van God in alles wat er gebeurt. Alleen een mahatma echter kan Zijn intenties of wil echt begrijpen.

Wees jezelf

Er was eens een arme steenhouwer in Japan, genaamd Hofus. Hij ging elke dag naar de berghelling om grote blokken steen los te hakken. Hij woonde bij de berg in een kleine stenen hut en werkte hard en was gelukkig.

Op een dag bracht hij een lading stenen naar het huis van een rijke man. Daar zag hij zoveel mooie dingen. Toen hij naar zijn berg terugging, kon hij aan niets anders denken. Toen begon hij te wensen dat ook hij in een bed zo zacht als dons en met zijden gordijnen met gouden kwasten mocht slapen. En hij zuchtte: 'Ach arme ik, arme ik! Was Hofus maar zo rijk als hij.'

Tot zijn verbazing antwoordde de stem van de berggeest: 'Uw wens zal vervuld worden.

Toen Hofus die avond thuiskwam, was zijn kleine hut weg en in plaats daarvan stond een groot paleis. Het was gevuld met pracht en praal. Het beste van alles was een donzen bed met zijden gordijnen met gouden kwasten.

Hofus besloot niet meer te werken, maar hij was niet gewend aan nietsdoen en de tijd kroop langzaam voorbij; de dagen leken erg lang.

Op een dag zat hij bij het raam, en zag een rijtuig voorbij denderen. Het werd door sneeuwwitte paarden getrokken. Er zat een prins in terwijl aan de voor- en achterkant bedienden in blauwwitte kostuums stonden. Een ervan hield een gouden paraplu boven de prins. Toen de steenhouwer dit zag, begon hij zich ongelukkig te voelen en zuchtte: 'Ach arme ik, arme ik! Kon Hofus maar een prins zijn!'

En opnieuw antwoordde dezelfde stem die hij op de berg had gehoord: 'U zult een prins zijn!'

Ogenblikkelijk werd Hofus een prins. Hij had bedienden die gekleed waren in roze en goud en hij reed in een rijtuig met een gouden paraplu boven zijn hoofd.

Korte tijd was hij gelukkig, maar toen hij op een dag in de tuin wandelde, zag hij dat de bloemen verlepten en dat het gras droog en verdord was en toen hij uit rijden ging, voelde hij de hete zon branden ondanks zijn paraplu.

'De zon is machtiger dan ik,' dacht hij en toen verzuchtte hij: 'Ach arme ik, arme ik, kon Hofus maar de zon zijn!'

En de stem antwoordde: 'U zult de zon zijn!'

Ogenblikkelijk werd hij de grote zon. Hij verbrandde gras en rijstvelden. Hij liet rivieren opdrogen. Zowel rijk als arm leden enorm onder de vreselijke hitte.

Op een dag kwam er een wolk voor hem rusten en verborg de aarde voor zijn gezichtsveld. Hij werd boos en riep: 'Arme ik, arme ik. Als Hofus toch een wolk kon zijn!'

En de stem antwoordde: 'Wees een wolk'! Ogenblikkelijk werd hij een wolk. Hij dreef voor het zicht van de zon en verborg zo de aarde.

Dag in dag uit liet de wolk regen vallen. De rivieren stroomden over en de rijstvelden kwamen onder water te staan. Steden werden weggevaagd. Alleen de grote rotsen aan de kant van de bergen stonden onbewegelijk in de vloedstroom. De wolk keek met verbazing naar hen en verzuchtte toen: 'Arme ik, arme ik! Kon Hofus maar een rots zijn!'

En de stem antwoordde: 'Wees een rots!'

Ogenblikkelijk werd hij een rots. Trots stond hij daar. De zon kon hem niet verbranden en de regen kon hem niet verplaatsen. 'Nu, eindelijk, is niemand machtiger dan ik', zei hij.

Maar op een dag werd hij uit zijn dromen gewekt door een geluid, tik, tik, tik, onderaan bij zijn voeten. Hij keek en daar was een steenhouwer die zijn gereedschap in de rots dreef. Nog een klap en de grote rots huiverde. Er brak een blok steen af. 'Die man is machtiger dan ik', riep Hofus en hij verzuchtte: 'Arme ik, arme ik. Kon Hofus maar die man zijn.'

En de stem antwoordde: 'Wees jezelf!' En onmiddellijk was Hofus weer zichzelf, een arme steenhouwer die de hele dag op de berghelling werkte en 's avonds naar zijn kleine hut ging. Maar nu was hij tevreden en gelukkig en nooit meer had hij het verlangen om iemand anders te zijn dan Hofus de steenhouwer.

Een man ging op zijn bed liggen en droomde dat hij door het hele universum reisde. Uiteindelijk werd hij wakker en zag dat hij in zijn eigen bed lag. Dat is de droom van Maya waarin we allen zijn ondergedompeld.

HOOFDSTUK ZEVENTIEN

Word wakker, word wakker!

Kinderen, zuiver je geest en begrijp dan de essentie van dharma. Als je volhardt in het slechte verlangen naar steeds nieuwe dingen, zal het tot teleurstelling leiden.

– Amma

Toegewijde: Waarom maken mensen fouten?

Amma: 'We zitten gevangen in de illusie dat we geluk in de wereld zullen vinden. Dan lopen we als een dwaas heen en weer om het te krijgen. Omdat we onvervulde verlangens hebben, is frustratie en boosheid het resultaat. Zonder onderscheid te maken tussen het noodzakelijke en het niet noodzakelijke, doen we alles waar we zin in hebben. Kunnen we zeggen dat dit leven is? Wiens fout is dit?'

Toegewijde: 'Er wordt gezegd dat zonder Gods aanwezigheid en wil zelfs een grassprietje niet kan buigen in de wind. Kunnen mensen dan de schuld krijgen voor fouten als God hen alles laat doen?'

Amma: 'Voor iemand die de overtuiging heeft 'Ik ben niet degene die handelt, maar God' is het onmogelijk om vergissingen te begaan. Hij ziet alles als doordrongen van God. Het is onmogelijk voor die toegewijde om zelfs maar te denken aan het maken van fouten. Om het anders te zeggen: alleen iemand die alle fouten heeft getranscendeerd, zal het vertrouwen hebben dat alleen God degene is die handelt, zelfs een grassprietje beweegt niet zonder Hem.' Er bestaan geen fouten of zonden voor iemand die de overtuiging heeft dat God degene is die handelt. Maar de resultaten van de fouten die door iemand zijn begaan die vindt: 'Ik ben degene die handelt,' moeten door hem worden geaccepteerd. Als je een moord hebt begaan, is het niet juist om te zeggen dat God de degene is die handelt. Iemand die de gedachte heeft: 'God is degene die handelt, zou geen moord plegen, is het niet?'

De brahmaan die een koe doodde

Er was eens een oude brahmaan die een prachtige tuin bezat. Hij hield zielsveel van de tuin en besteedde veel tijd aan het onderhoud. Toen de brahmaan op een dag kwam kijken hoe zijn mangoboompjes het deden, ontdekte hij tot zijn ontzetting dat een loslopende koe zijn tuin in was gelopen en de boompjes aan het opeten was die hij met zoveel zorg had geplant. In een vlaag van woede begon hij de koe te slaan met zijn stok. De magere oude koe kon het pak slaag niet aan en viel ter plekke dood neer.

'O God, wat heb ik gedaan? Ik heb een koe gedood', jammerde de brahmaan. Het nieuws bereikte de dorpelingen en zij kwamen naar het huis van de brahmaan. 'Jij hebt de grootste zonde begaan door een koe te doden', ging iemand tegen hem te keer. 'Je hebt je tuin boven het leven van een koe gesteld.' Een andere dorpeling voegde eraan toe: 'De koe geeft ons melk. Zij is onze moeder, en je hebt haar gedood! Wat voor handen heb jij dat je een koe kunt doden?' vroeg de dorpsoudste. 'Je zult de consequenties van je daden moeten ondergaan. We gaan nu weg, maar we zullen terugkomen.'

'Ze zullen me uit het dorp gooien. Wat moet ik doen?' dacht de brahmaan.

Plotseling kreeg hij een idee. 'Heer Indra is de god die regeert over de handen,' dacht hij bij zichzelf. 'Dus is het Indra en niet ik die de schuld moet krijgen van het doden van de koe. Ja, dat zal ik de dorpelingen vertellen!'

De dorpelingen wisten niet precies wat ze van het argument van de brahmaan moesten denken. Het was inderdaad waar dat Heer Indra de regerende vorst van de handen is. Betekende dat, dat de brahmaan niet de schuld moest krijgen van het doden van de koe? Het vraagstuk werd uitgebreid besproken.

Uiteindelijk hoorde Indra zelf het argument van de brahmaan. Hij was verontrust over de logica van de brahmaan en besloot hem een bezoek te brengen. In de gedaante van een oude man kwam Indra toevallig de tuin van de brahmaan in.

'Mijnheer, ik ben vreemd in dit dorp,' zei Indra tegen de brahmaan. 'Ik kwam toevallig voorbij en deze prachtige tuin viel me op. Hebt u dat helemaal alleen gedaan?'

De brahmaan was enorm gevleid. 'Ja inderdaad, met mijn eigen handen. Ik heb deze tuin verzorgd alsof het mijn eigen kind was.'

'Ik zie het,' antwoordde Indra. 'En dit prachtige pad? Hebt u dat ook zelf aangelegd?'

'Zeker,' antwoordde de brahmaan heel trots. 'Ik heb dit zelf aangelegd en bedacht.'

'En deze prachtige boom?' vervolgde Indra. 'Hebt u die ook zelf geplant?'

'Natuurlijk!' riep de brahmaan uit. 'Van het ploegen tot de vruchten, het is allemaal mijn werk!'

'Wow, en hoe zit het met de fontein?' vroeg Indra. 'Alles wat U hier ziet is door mij met mijn eigen handen gemaakt', schepte de brahmaan op.

Op dat moment maakte Indra zich aan de brahmaan bekend en zei: 'Ach brahmaan, als je de verdienste van het maken van je tuin met je eigen handen opeist, moet je dan ook niet de schuld

137

van het doden van de koe op je nemen? Waarom geef je mij daar de schuld van, schavuit die je bent?'

Vanuit het ene standpunt bezien is alles Zijn Wil. Vanuit een ander gezichtspunt bezien hebben we onze plichten. Het bedrijf wordt geleid door de basisprincipes die de topmanager of de eigenaar heeft bedacht, maar de individuele werknemers hebben hun eigen verantwoordelijkheid. De CEO kan niet verantwoordelijk zijn voor de schade of fouten van werknemers omdat hij de regels al heeft bepaald.

De Heer schept het universum met zijn wetten van dharma en adharma. We oogsten de vruchten in overeenstemming daarmee. Hij is de *karma phala data,* de Schenker van de resultaten van handelingen die wij hebben verricht. In dat licht bezien is alles Zijn wil maar dit ontslaat ons niet van onze verantwoordelijkheid.

Als wij degenen zijn die handelen, moeten wij de vruchten die eruit voortkomen, oogsten. Maar als we ons afvragen: 'Wie ben ik, degene die deze daad verricht?' en we het Zelf realiseren, is het gevoel dat wij handelen weg en laten we de drie karma's los. Eeuwigdurend is deze Bevrijding.

– Ramana Maharishi, Werkelijkheid in Veertig Verzen, vers 38

Als we door spirituele oefening zuiverheid van geest bereiken, wordt het duidelijker wat juist handelen is. We maken misschien nog fouten, niemand is volmaakt, maar we zijn in staat om helderder de weg van dharma in onze gedachten, woorden en daden aan te voelen. Over het algemeen kunnen we ons gevoel niet vertrouwen en moeten we de geschriften, de traditie of de weg die de wijzen hebben aangegeven, volgen. Dit is de algemeen aanvaardbare wijze om te leren wat dharma is. Als we dit uiteindelijk een lange tijd hebben gedaan, ontwaakt zuiverheid; dan worden onze daden vanzelf in overeenstemming met dharma.

De gekte van het consumeren

Meer dan ooit is de gekte van het consumeren in alles doorgedrongen, zelfs in de zogenaamde afgelegen gebieden. Mensen zijn gek geworden op materiële bezittingen, veel meer dan ze dagelijks nodig hebben. Helaas houdt het hierbij niet op. Upgrades van alles blijven onafgebroken komen. Ik hoorde van iemand die iedere nieuwe laptop die op de markt verschijnt, koopt. Ik vraag me af wat hij met alle 'oude' exemplaren doet. Het lijkt erop dat de mensheid gehypnotiseerd is om naar de 'vervullingscentra' te gaan om vervuld te worden. Natuurlijk raakt men nooit vervuld. Hoe kunnen bezittingen je vervullen? Als we voortdurend achter dingen aan rennen zonder onderscheid te maken tussen wat echt nodig is en wat niet, zullen we uiteindelijk zeer teleurgesteld worden.

Amma waarschuwt dat het verlangen naar telkens weer nieuwere dingen tot teleurstelling zal leiden en dat dit geen gewoonte is die we bij onszelf of bij anderen moeten aanmoedigen.

Op ieder gebied van werk of amusement komen er steeds weer nieuwere dingen. Op elk gebied van het leven raken we gecharmeerd van het nieuwere en nog nieuwere. Waar leidt dit allemaal toe? Uiteindelijk en hopelijk tot God, de Altijd Nieuwe. Maar dit zal niet gebeuren uit een gevoel van vervulling, maar eerder door een gevoel van desillusie en teleurstelling. Pas dan zullen we in ons op zoek gaan naar het geluk van ons Zelf.

De nectar verbergen

Op een dag, nadat de goden de Nectar van Onsterfelijkheid door het karnen van de kosmische oceaan herwonnen hadden, besloten ze die te verbergen zodat de mensen die niet konden vinden.

Ze dachten er diep over na, want ze wilden die ergens verbergen waar hij nooit gevonden kon worden. Sommigen suggereerden Indra, de koning van de goden, dat ze die op de hoogste pieken van de Himalaya moesten verbergen, maar hij zei nee omdat veel mensen die op een dag zouden beklimmen.

Iemand anders zei: 'Laat we het verbergen in het diepste gedeelte van de oceaan omdat geen mens het daaruit kan halen.'

Indra zei: 'Nee, op een dag zullen mensen in staat zijn diep in de oceanen in een voertuig te varen.'

Een andere god deed de suggestie aan de hand om het op de maan te verbergen en zei: 'Mensen zullen nooit in staat zijn om daar te komen.' Maar Indra ging niet akkoord. Terwijl hij in de toekomst keek, zei hij: 'Nee, mensen zullen op een dag ook naar de maan gaan en ze zullen het daar zeker vinden.'

Omdat ze niet tot een besluit konden komen, benaderden ze Brahma, de Schepper. Na hem begroet te hebben legden ze hun probleem aan hem voor en vroegen om zijn advies.

Brahma dacht er een tijdje over na en zei ten slotte: 'Ik heb gedacht aan een plek waar mensen nooit zullen zoeken. Je moet de nectar in het hart van de mens plaatsen, want daar zal niemand er ooit naar zoeken.'

Brahma had het zo bij het rechte eind. Hoewel deze nectar zo dicht bij de mensen is, is het ook zo ver weg want niemand neemt ooit de moeite om het in zichzelf te zoeken.

Dit wil niet zeggen dat het wereldse leven geen waarde heeft, maar ieder leven wordt besteed aan het najagen van wereldse doelen en toch is er geen vrede of tevredenheid. Waarom blijven mensen denken dat het wereldse leven hun bevrediging zal schenken? Heeft iemand die ooit op die manier bereikt? Maar ook al vergt het veel levens van zoeken en genieten van het zintuiglijke leven, de ziel zal zich uiteindelijk ervan afkeren en de grote reis

naar ontwaken uit de lange droom van leven en dood beginnen.
Het is onvermijdelijk.

Onthechting is ware kracht. Begrijp wat er bedoeld
wordt met onthechting, want alleen daar is totale rust.

– Amma

Het is erg uitzonderlijk om iemand te vinden die zich hiervan
bewust is geworden en al zijn tijd besteedt aan de ervaring van de
Waarheid van het Zelf. Amma zou zeggen dat zo iemand een hoop
verdiensten of *punyam* heeft opgebouwd in zijn vorige levens en
dus voelt hij in dit leven een enorme aantrekkingskracht tot God.
Niets anders doet ertoe of heeft betekenis of aantrekkingskracht
voor zo iemand. Hij wordt wakker uit de diepe, diepe slaap van
de Maya van de Heer; hij brandt van verlangen om te ontsnappen
uit de Zee van Samsara.

De grootsheid van verwerkelijkte wijzen is in veel heilige boeken bejubeld. Ze herinneren ons aan de buitengewoon zeldzame
gelegenheid die ons is gegeven om met Amma om te gaan. Door
hun woorden keer op keer te lezen, worden we herinnerd aan de
Werkelijkheid achter Amma's verschijningsvorm.

In het gezelschap van wijzen verdwijnt gehechtheid en
met gehechtheid illusie. Bevrijd van illusie bereikt men
standvastigheid en vervolgens bevrijding, terwijl nog in
leven. Zoek daarom het gezelschap van de wijzen.

– Shankaracharya, Bhajagovindam

Niet door naar predikanten te luisteren, noch door
boeken te bestuderen, niet door verdienstelijke daden
noch op enige andere wijze kan men die Opperste Staat
bereiken, die alleen te bereiken is door de omgang met
wijzen en de heldere zoektocht naar het Zelf.

– Yoga Vashishta

Als men geleerd heeft om van het gezelschap van wijzen te houden, waarom dan nog deze disciplinaire regels? Als er een aangename, koele zuidelijke bries waait, waarom heb je dan een ventilator nodig?

– Yoga Vashista

Heilige rivieren, die alleen uit water bestaan, en beelden die van steen en klei zijn gemaakt, zijn niet zo machtig als de wijzen. Want hoewel ze iemand zuiveren in de loop van talloze dagen, zuiveren de ogen van de wijzen onmiddellijk door een enkele blik.

– Srimad Bhagavatam

Amma is in deze tijd naar deze wereld gekomen omdat er een dringende behoefte is aan een dergelijke goddelijke zelfopofferende en een onvoorwaardelijk liefhebbende persoon. In de woorden van de bekende acteur, Charlie Chaplin, die overigens ook een belangrijke filantroop was:

We hebben snelheid ontwikkeld, maar we hebben onszelf ingesloten. Machines die ons overvloed brengen, hebben ons afhankelijk gemaakt. Het vliegtuig en de radio hebben ons dichter bij elkaar gebracht. De kern van deze uitvindingen schreeuwt om de goedheid in de mens, roept om universele broederschap, om eenheid voor ons allen. Maar onze kennis heeft ons cynisch gemaakt, onze slimheid hard en onvriendelijk; we denken te veel en voelen te weinig. Meer dan machines, hebben we menselijkheid nodig, meer dan slimheid hebben we vriendelijkheid en zachtheid nodig. Zonder deze eigenschappen zal het leven gewelddadig zijn en zal alles verloren gaan.

HOOFDSTUK ACHTTIEN

Overgave en loslaten

V elen van ons hebben het verhaal gelezen van de vrouw die bij Heer Boeddha kwam om hem haar dode kind weer tot leven te laten brengen. Hij zei haar dat als ze een mosterdzaadje kon brengen uit een huis waar nog nooit verdriet was geleden door de dood van een familielid, hij het wonder zou verrichten.

Ze ging het hele dorp langs maar kon zelfs niet één mosterd-zaadje vinden. Ze realiseerde zich toen een belangrijke waarheid over de aard van het leven: dat alles vergankelijk is en eindigt in afscheiding en dood. Alleen de ziel bestaat na de dood. Maar hoewel we zulke waarheden horen, ontkennen we deze onder invloed van Maya steeds weer opnieuw, bijna direct na ze gehoord te hebben.

Er is een episode in de Mahabharata waar de grote koning Yudhishthira een aantal vragen werd gesteld door een yaksha, een natuurgeest, om de wijsheid van de koning te testen.

De yaksha vroeg: 'Wat is het grootste wonder?'

De wijze koning antwoordde: 'Dag in, dag uit sterven ontelbare mensen; toch wensen de levenden om eeuwig te leven. O Heer, welk wonder kan groter zijn?'

Wat een vreemde kracht is deze Maya toch. Het houdt ons voortdurend in een vergeetachtige toestand, leven na leven. Door haar invloed zakken we dieper en dieper weg in de oceaan van universele begoocheling en kunnen geen spirituele waarheden, hoe klein ook, bevatten. Erger nog, we voelen niet de geringste neiging om te ontwaken uit deze lange nacht van diepe slaap naar het daglicht van Goddelijk Bewustzijn.

Amma laat ons de weg zien om ons uit het web van gehechtheid aan deze toestand te bevrijden. Ze vertelde me eens dat de meeste mensen niet in staat zijn de eenvoudige waarheid te beseffen dat iedereen het meest van zichzelf houdt; we zijn uiteindelijk allemaal egoïstisch. Uit naam van de liefde worden we voor de gek gehouden om te geloven dat wij anderen dierbaar zijn en dat anderen ons dierbaar zijn. Pas als we de egoïsme van anderen ervaren, krijgen we een schok van deze begoocheling. Amma ontmoedigt ons niet om lief te hebben maar om lief te hebben zonder gehechtheid, verwachting en afhankelijkheid, net als zij.

Amma: 'Onze gehechtheid uit naam van de liefde trekt ons altijd naar beneden.'

Toegewijde: Wat bedoelt Amma hiermee? Bedoelt u dat mijn liefde voor mijn vrouw en kinderen geen echte liefde is? Gehechtheid is een aspect van liefde, nietwaar?

Amma: 'Mijn Zoon, alleen iemand die volledig onthecht is kan van anderen houden zonder enige verwachting. Gehechtheid is geen eigenschap van echte liefde. In echte liefde worden niet alleen de lichamen maar ook de zielen door sympathie verenigd. Er zal altijd de kennis van de veranderlijke of vergankelijke aard van het lichaam en de eeuwige aard van het Zelf zijn. Gehechtheid bindt en vernietigt de persoon die gehecht is en de persoon aan wie men gehecht is. Door deze gehechtheid schiet het onderscheidingsvermogen tekort en zal discipline afwezig zijn.

'In de Mahabharata was Dhritarashthra, de blinde koning, overdreven gehecht aan zijn oudste zoon

Duryodhana. Daarom kon hij zijn zoon geen discipline bijbrengen noch ervoor zorgen dat hij juist dacht en handelde. Dit leidde tot de totale vernietiging van de koning, zijn zonen en het koninkrijk. In tegenstelling hiermee was Sri Krishna volledig onthecht en kon daarom van de Pandava's houden en hen tegelijkertijd discipline bijbrengen. Het verhaal van Dhritarashtra en zijn zoon Duryodhana laat zien hoe de egoïsme en gehechtheid van één persoon de verwoesting van een hele maatschappij kan veroorzaken.'

Amma vertelt een verhaal over de beperkingen van de liefde tussen een echtgenoot en zijn vrouw.

Een vrouw ging met haar man mee naar de dokter. Na het onderzoek riep de dokter de vrouw alleen naar zijn kantoor.

Hij zei: 'Je man lijdt aan een zeer ernstige ziekte, gecombineerd met vreselijke stress. Als je niet het volgende doet, zal je man zeker spoedig overlijden. Maak elke morgen een gezond ontbijt voor hem klaar. Wees aardig en zorg dat hij in een goede stemming is. Bereid als lunch een voedzaam maal voor hem. Als avondeten maak je een bijzonder smakelijke maaltijd. Val hem niet lastig met klussen omdat hij waarschijnlijk een zware dag heeft gehad. Bespreek je problemen niet met hem, omdat dit zijn stress alleen erger maakt. En heel belangrijk: je moet voldoen aan elk verlangen en elke eis van hem en je laat hem zijn problemen aan jou toevertrouwen; hij mag geen enkele stress hebben. Wees bijzonder liefdevol en hartelijk. Als je dit de komende tien maanden kunt doen, denk ik dat je man zijn gezondheid weer volledig zal terugkrijgen.'

Op weg naar huis vroeg de man aan zijn vrouw. 'Wat heeft de dokter gezegd?'

'Je zult spoedig doodgaan!'

Het is een waarheid als een koe dat bijna iedereen die bij Amma komt, dit doet vanuit zelfzuchtige verlangens. Toch toont Amma, hoewel ze dit weet, dezelfde liefde aan iedereen, zonder de minste verwachting van wie dan ook. Dit is het kenmerk van iemand die in Godsbewustzijn leeft, de visie dat alles Een is.

Hij wordt gerespecteerd, die gelijkmoedig is voor degenen met een goed hart, vrienden, vijanden, onverschilligen, neutralen, zij die vol haat zijn, familieleden, de rechtschapenen en onrechtvaardigen.
— Bhagavad Gita, Hoofdstuk 6, vers9

Als een vrucht van de boom wordt geplukt voor hij rijp is, huilt de boom; witte melk stroomt uit zijn stam. Maar als hij vanzelf valt omdat hij rijp is, wordt er niet gehuild; hij laat gewoon vanzelf los. Door de aard van onze geest en ons leven in deze vergankelijke wereld ontwikkelen we veel gehechtheid. Dientengevolge huilen we op het moment van afscheiding, die van ons of die van anderen. Dit laat wonden achter in ons onderbewustzijn.

Bij een diepe wond moet er na een grondige reiniging een ontsmettingsmiddel in de wond worden aangebracht. Alleen de buitenkant schoonmaken en een verband aanbrengen zal niet werken. Het zal telkens weer besmet raken. Evenzo werkt het niet als we iemand die ons pijn doet, vanwege onze boosheid en pijn los willen laten. Als de boosheid afkoelt, raken we misschien weer gehecht, hoewel we de wond in ons houden.

Hoe dan ook, we raken vermoedelijk snel genoeg opnieuw aan iemand of iets gehecht. We kunnen niet gelukkig zijn zonder aan iets gehecht te zijn. Dat kan een persoon zijn, een huisdier, onze bezittingen of positie. De veranderende en zelfzuchtige aard van dingen is wat ons verdriet geeft. In plaats daarvan moeten we ons hechten aan iemand die niet verandert, die ons geen pijn doet, die niets van ons wil, die alleen het beste met ons voorheeft. Alleen God voldoet aan die beschrijving. In deze vergankelijke wereld waar iedereen naar zijn eigen geluk in liefde zoekt en waar iedereen egoïstisch is, wordt de vervulling van de wens naar echte liefde alleen mogelijk door de mystieke eenwording met God, het Zelf van allen.

Dit is gemakkelijker gezegd dan gedaan. God is onzichtbaar. We weten zelfs niet of een dergelijk Wezen echt bestaat en als dat Wezen er is, worden we dan gehoord? Is dit niet een kwestie van vertrouwen? En hoe kunnen we vertrouwen verkrijgen in een onzichtbaar, onbegrijpelijk Wezen?

Verschillende mensen hebben verschillende opvattingen over God. Amma zegt dat wat ons idee ook is:

De Universele Kracht bestaat in je. Deze Opperste Waarheid kan alleen bereikt worden door vertrouwen en meditatie. Net zoals je de woorden van wetenschappers vertrouwt die praten over feiten die ons niet bekend zijn, moet je vertrouwen hebben in de woorden van de grote Meesters die over de Waarheid spreken; zij zijn daarin gevestigd. De geschriften en de grote Meesters herinneren ons eraan dat het Zelf of God, onze ware aard is. God is niet ver van ons verwijderd, maar we moeten vertrouwen hebben om ons deze waarheid eigen te maken. God is niet een beperkt individu die alleen op een wolk zit op een gouden troon. God is Zuiver Bewustzijn dat in alles woont. Als je deze waarheid begrijpt, leer dan iedereen als gelijk te accepteren en lief te hebben.

Door de gedachtestroom te vergoddelijken en deze te verheffen vanaf het lagere niveau van het wereldse en door gevestigd te raken in de gedachten van God en de Goeroe worden onze wereldlijke problemen en lijden onbelangrijk. Onze geest wordt ruim als de hemel. We beginnen geleidelijk de Goddelijke Aanwezigheid in onze geest te ervaren. Wat als vertrouwen begon wordt ervaring. De oude wonden die tot het ego behoorden vervagen. We leren onvermijdelijke, pijnlijke omstandigheden te accepteren als zegening of geschenk van onze Goeroe. In haar oneindige wijsheid weet zij wat het beste is. Al onze aardse gehechtheid lost op in de allesomvattende gehechtheid aan God.

Toegewijde: Sommige toegewijden zeggen dat ze ondanks hun devotie toch lijden.

Amma: 'We roepen God aan om onze vele verlangens te vervullen. De geest is vol met verlangens, niet met Gods vorm. Dat betekent dat we God als onze arbeider zien. Zo moet het niet zijn. Zelfs als God de dienaar van Zijn toegewijden is, is het niet juist voor ons om Hem zo te beschouwen. Leg alles aan Zijn voeten. We moeten een houding van overgave hebben en dan zal Hij ons zeker beschermen. Nadat we in de boot of bus zijn gestapt, blijven we de bagage niet zelf dragen, is het niet? We zullen die neerzetten. Evenzo moeten we alles aan God overgeven. Hij zal ons beschermen. Koester de gedachte dat God bij ons is. Als er vlakbij een plek om te rusten is, is de gedachte aan het afleggen van de bagage die we op ons hoofd dragen, al genoeg om het gewicht van de last te verminderen. Als we denken dat er geen rustplaats is, lijkt de bagage zwaarder. Op dezelfde wijze verminderen al onze lasten, als we denken dat God nabij is.'

Ons voor ogen houden dat God de Werkelijkheid is achter de wereld der verschijnselen kan moeilijk zijn. Hij is niet alleen de onveranderlijke Ene, maar ook de altijd actieve Kracht die alles doet gebeuren. De schepping is Zijn spel of *lila*. Soms vergeten we dit en worden verwaand door het gevoel dat wij degenen zijn die handelen.

Aan het einde van de Mahabharataoorlog waren Heer Krishna en Arjuna nog in de strijdwagen. Traditiegetrouw werd van de wagenmenner verwacht dat hij uit de strijdwagen stapte en als blijk van respect de hand van de strijder vasthield als die uitstapte. Hoewel Heer Krishna God Zelf was, accepteerde Hij de rol van wagenmenner en daarom zou Hij als eerste van de strijdwagen af moeten komen. Arjuna wachtte tot Heer Krishna uitstapte, maar toen hij zag dat Hij bleef waar Hij was, stapte hij uiteindelijk alleen uit. Hij was een beetje beledigd door de daad van de Heer.

Als antwoord op Arjuna's onwetendheid stapte Heer Krishna uit de strijdwagen en ogenblikkelijk vloog Heer Hanuman, die op de vlag stond, weg en ging de strijdwagen in vlammen op. Arjuna was geschokt. Sri Bhagavan legde toen uit dat Heer Hanuman de strijdwagen tijdens de oorlog beschermde tegen alle machtige wapens die door de tegenstanders werden geworpen. Hij wilde niet vertrekken voordat Heer Krishna was uitgestapt. Als Heer Krishna voor Arjuna uit de strijdwagen zou zijn gestapt, zou Hanuman weggevlogen zijn en zou Arjuna tegelijk met de strijdwagen in vlammen zijn opgegaan. De aanwezigheid van Heer Krishna was de reden dat de strijdwagen nog heel bleef. Arjuna's trots dat hij de oorlog had gewonnen en zijn gevoel dat hij als een groot strijder geëerd moest worden, maakten hem blind voor het feit dat dit absoluut niet mogelijk zou zijn geweest zonder de goddelijke aanwezigheid van Heer Krishna.

Zoals de Heer zegt in de Bhagavad Gita:

Ik ben de machtige wereldvernietigende Tijd, nu bezig met het verwoesten van de werelden. Zelfs zonder U zal niemand van de strijders, opgesteld in de vijandige legerscharen, in leven blijven.

– Hoofdstuk 11, vers 32

Wie is God?

Misschien is het niet mogelijk om God te kennen of te begrijpen, maar volgens de oude boeken en Amma's onderwijs kunnen we zeker een met Hem worden door Zijn Genade.

Op een dag vroeg Alexander de Grote aan Diogenes: 'Je bent zo geleerd, je weet zo veel. Kun je me iets vertellen over God, wat God is?'

Diogenes wachtte even en zei toen: 'Geef me een dag de tijd.'

Alexander kwam de volgende dag, maar Diogenes zei weer: 'Geef me twee dagen de tijd.' En dit gebeurde weer en hij zei: 'Geef me drie dagen de tijd,' en toen vier dagen en toen vijf dagen en toen zes dagen en de hele week ging voorbij.

Alexander was geïrriteerd en zei: 'Wat bedoel je hiermee? Als je het antwoord niet weet, had je me dat eerder moeten zeggen. Als je het weet, wat is dan de verklaring van het uitstel?'

Diogenes zei: 'Op het moment dat je het me vroeg, dacht ik dat ik het wist. Maar hoe meer ik er grip op probeerde te krijgen, des te ongrijpbaarder werd het. Hoe meer ik er over dacht, hoe verder weg het was. Op dit moment weet ik niets en het enige wat ik je kan zeggen is dat zij die denken dat ze God kennen, het niet weten.'

Ik hoorde ooit een toegewijde met een mahatma discussiëren. De toegewijde zei dat in de non-duale ervaring van samadhi, God verdwijnt. De mahatma zei: 'Zo is het niet. Hij verdwijnt niet, maar *jij* wel en Hij alleen blijft over!'

Soms krijgen we kansen om ons vertrouwen op de proef te stellen. Op een van Amma's tournees in de Verenigde Staten zou de tourneegroep elkaar op het vliegveld ontmoeten en naar de volgende stad vliegen. Op de een of andere manier werden Swami Purnamritananda en ik en nog twee toegewijden op de verkeerde luchthaven afgezet. We realiseerden ons niet wat er was gebeurd, totdat we bij de gate kwamen en er geen vliegtuig was. We hadden geen geld of zelfs maar tickets. De vlucht zou over tien minuten vertrekken. We probeerden een taxi te krijgen om ons naar het andere vliegveld te brengen maar geen enkele chauffeur wilde ons meenemen voor zo'n kort stukje. We dachten allemaal: 'Okay Amma. Als u wil dat we met u meereizen, zult u snel moeten handelen.' We wachtten daar op de stoeprand en bleven tegen beter weten in hopen.

Juist op dat moment kwam er een auto aanrijden. Het was dezelfde toegewijde die ons had afgezet en nu van de andere luchthaven kwam. Ze scheurde ons erheen, we renden naar het vliegtuig en net toen we binnen waren, sloot de deur. We slaakten beiden een zucht van verlichting: Ammmaaaaa!

Verantwoordelijkheid

Amma zal het pad naar Bevrijding vrij maken. Ze zal je hand vasthouden en je naar het doel leiden. Wees oprecht en vervul de verantwoordelijkheden van je leven en zo zul je innerlijke vrede bereiken.

– Amma

Als iemand iets belooft, worden we gewoonlijk argwanend. Politici doen beloften om aan de macht te komen. De minnaar belooft de geliefde iets om zijn eigen genot zeker te stellen. De ouders doen beloften aan de kinderen om hen dingen te laten doen waar ze niet graag mee instemmen en de kinderen doen beloften aan de ouders om onder dingen uit te komen die ze horen te doen. Deze mensen hebben allemaal hun eigen agenda voor ogen, hun eigen zelfzuchtige redenen om beloften te doen, en ze hebben misschien niet eens het vermogen ze na te komen. Amma's belofte is niet zo. Ze zegt dat ze ons pad naar Bevrijding zal vrijmaken en onze hand vast zal houden en ons naar het doel leiden. Het is moeilijk voor te stellen wat de kracht of de innerlijke ervaring is die haar het vertrouwen geeft om een dergelijke belofte te doen. Als we dieper op Amma's woorden ingaan, zullen we ontdekken dat ons begrip van haar niet zo goed is als wat we denken dat het is.

Amma zegt dat ze ons pad zal vrijmaken en onze hand vast zal houden en ons naar het doel van Bevrijding uit de cyclus van leven en dood zal leiden. Hoe gaat ze deze dingen doen? Dat is alleen maar mogelijk als ze zelf in die staat leeft.

Voor de meesten van ons is Amma degene die in Amritapuri in India woont en die ook ieder jaar over de wereld reist. Dus hoe kan ze dan haar belofte nakomen? Dat is fysiek zeker niet mogelijk. Kan ze het doen door iets als afstandsbediening? Zelfs als dat het geval is, hoe kan ze al haar miljoenen toegewijden tegelijkertijd begeleiden? Wat als enkele toegewijden haar op hetzelfde moment nodig hebben? Hoe kan ze iedereen tegelijkertijd horen en weten wat iedereen nodig heeft op een bepaalde tijd? Het gaat allemaal ons verstand te boven!

Sommige afstandsbedieningen kunnen veel toepassingen tegelijkertijd bedienen, allemaal met een klein kastje. Natuurlijk vinden we zelfs die taak gecompliceerd en lastig uit te voeren, tenzij we een raketgeleerde of computerprogrammeur zijn. Veel mensen zijn niet erg technisch of mechanisch ingesteld. Op een keer riep iemand die computerwerk deed in de ashram mij dringend. Ze zeiden dat de printer het niet meer deed. Ze deden alles goed en toch was hij zo dood als een pier. Toen ik kwam, zag ik dat de printer niet eens aan stond!

Als we Amma's woorden willen begrijpen, moeten we het idee opgeven dat ze slechts een lichaam van vlees en beenderen is, behept met een beperkte geest als die van ons. Als ze voor ons allen kan zorgen, moet ze hier en nu bij ieder van ons zijn, hoewel onzichtbaar voor onze fysieke ogen. Haar ervaring van haar Zelf moet erg verschillend van die van ons zijn. Op haar eigen mysterieuze manier kan ze alle obstakels verwijderen en ons verder helpen.

De Bhagavad Gita zegt:

Deze hele wereld is van Mij in Mijn ongemanifesteerde vorm doordrongen. Alle wezens bevinden zich in Mij, maar Ik verblijf niet in hen.

Nee, deze wezens verblijven niet in Mij. Aanschouw Mijn Goddelijke Yoga! Mijn Zelf, de Oorzaak van alle wezens, onderhoudt alle wezens, maar verblijft niet in hen.

Zoals de machtige wind die overal heen gaat, eeuwig in de ruimte verblijft, weet, dat alle wezens zo in Mij verblijven.

– Hoofdstuk 9, vers 4-6

En opnieuw:

Door toewijding leert hij Mij waarlijk kennen, wat en wie Ik ben. Mij, aldus volledig kennend, gaat hij onmiddellijk in Mij op.

Door voortdurend alle vereiste handelingen te verrichten, toevlucht zoekend in Mij, bereikt hij door Mijn Genade de eeuwige onvergankelijke woonplaats.

Door alle activiteiten mentaal aan Mij te wijden, Mij beschouwend als de Allerhoogste, je toevlucht nemend tot geestelijke concentratie, houd voor altijd je hart op Mij gericht.

Je hart op Mij gericht, zal je door Mijn Genade alle moeilijkheden overwinnen, maar als je uit egoïsme niet (naar Mij) wilt luisteren, zul je verloren gaan.

Luister opnieuw naar Mijn hoogste woord, het grootste geheim van alles; want je ben Mijn hechte vriend, daarom zal ik je zeggen wat goed is.

Houd je gedachten op Mij gericht, wees Mij toegewijd, aanbid Mij, eer Mij. Dan zul je Mij Zelf bereiken. Dit is de waarheid die Ik je verkondig, want je bent Me dierbaar.

– Hoofdstuk 18, vers 55-58, 64-65

En tot slot:

En alwie tijdens het uur van de dood het lichaam verlaat en vertrekt, terwijl hij alleen aan Mij denkt, hij bereikt Mijn wezen, daarover bestaat geen twijfel.

Aan welk Wezen een mens aan het eind ook denkt als hij het lichaam verlaat, Hem alleen, O zoon van Kunti, bereikt hij waarin zijn gedachten voordurend hebben verwijld.

Daarom mediteer over Mij te allen tijde en vecht, met je geest en rede op Mij gericht zul je ongetwijfeld alleen tot Mij komen.

– Hoofdstuk 8, vers 5-7

Dit betekent natuurlijk niet dat we geen lijden zullen ervaren nadat we onze toevlucht tot Amma hebben gezocht. Maar zoals een ouder de hand van een kind vasthoudt als hij leert lopen en hem niet zal laten vallen en gewond worden, zo zal zij ons met haar allesomvattende handen vasthouden als we haar instructies opvolgen. Daarom moeten we haar onderricht bestuderen om erachter te komen wat haar instructies zijn, zowel in het algemeen als specifiek voor ons. Dat zijn de kleine lettertjes onder aan het contract!

HOOFDSTUK NEGENTIEN

Oprechtheid en verantwoordelijkheid

Waarom wordt er door de wijzen zoveel waarde gehecht aan de waarheid? Relatieve waarheid is een weerspiegeling in de Natuur van de absolute transcendente Waarheid of Brahman. We vertellen leugens om ons ego te beschermen, om iets te verkrijgen. Het ego is het tegengestelde van de Hoogste Waarheid. Het verbergt de Waarheid voor onze blik en laat ons denken dat we afgescheiden wezens zijn. Het is een grote leugen. Door bij de waarheid te blijven verzwakken we een deel van het ego en maken we spirituele vooruitgang.

Er kunnen geen uitzonderingen op deze regel zijn als we met Amma omgaan. We moeten haar zelfs geen leugentje om bestwil vertellen. Liegen is behoorlijk gewoon voor mensen. We doen het voortdurend om onszelf beter voor te doen, nooit in de fout. Dit zijn allemaal manieren van het ego. We aarzelen misschien niet eens om te liegen tegen de Waarheid Zelf in de vorm van Amma. We kunnen haar niet voor de gek houden. We kunnen bij haar zelfs niet overdrijven. Ze kent altijd de waarheid van een persoon of situatie. In plaats van goed te willen lijken, maken we ons uiteindelijk belachelijk door te overdrijven of te liegen tegen haar. Het verraadt ons gebrek aan vertrouwen in haar. Het maakt onze onschuld en toewijding kapot. Het laat zien dat we meer toewijding hebben aan ons ego dan aan God en onze onschuld

157

wordt vervangen door slechtheid. We moeten er uitzonderlijk alert op zijn dat we niet met Amma omgaan zoals we ons 'in de buitenwereld' gedragen.

Sommige advocaten gaan misschien twijfelen hoe ze verder kunnen na dit gehoord te hebben. Een advocaat vroeg Amma:

'Wat is ons lot, Amma? We lopen in het rond en raken betrokken in rechtszaken, ruzies, leugens etc.'

Amma: 'Dat is in orde, zoon. Het is de dharma (plicht) van een advocaat om voor zijn klant te pleiten tijdens een zaak. Dat is niet verkeerd. Een advocaat doet slechts zijn plicht als hij voor een crimineel pleit. Maar neem ook dan zo veel mogelijk alleen eerlijke zaken aan. De zonde gaat niet over naar de advocaat als de misdadiger wordt vrijgesproken door de argumenten die door de advocaat naar voren worden gebracht. De misdadiger wordt slechts vrijgesproken door het hof; hij kan niet ontkomen aan Gods rechtspraak. We moeten het resultaat van onze daden ondergaan.

Net zoals iedereen, kan ook een advocaat op het spirituele pad komen en het wereldlijke leven opgeven als de dageraad van echte onthechting (vairagya) in hem ontwaakt is. Tot dat moment moet svadharma (iemands eigen dharma) worden uitgevoerd waarbij men alles aan God wijdt.

In vroeger tijden was er alleen maar waarheid. Alle gezinnen leidden een waarachtig leven. Zelfs als iemand een bediende was, zou hij de waarheid niet opgeven, zelfs als iemand hem miljoenen aanbood. Als je vasthoudt aan de waarheid, zal al het overige naar je toe komen. Zonder waarheid kan er niets goeds bestaan. Waarheid is alles. Waarheid is God.'

De andere eigenschap die Amma ons vraagt te ontwikkelen is een besef van verantwoordelijkheid. Zij zegt dit uit eigen ervaring. Ze heeft altijd op een verantwoordelijke manier gehandeld. Hoewel ze in een sublieme staat voorbij lichaamsbewustzijn verblijft en aan niemand gehecht is, doet ze toch datgene waarvan ze voelt dat het haar plicht is.

In de tijd voordat de ashram bestond, zorgde ze voor haar familie en andere verwanten, zelfs als dat grote ontberingen voor haar betekende. Toen haar vader in het ziekenhuis lag, gaf ze al darshan in Krishna Bhava. Daarnaast deed ze alle huishoudelijke taken, ze kookte voor hem en bracht het eten helemaal naar het ziekenhuis vijfendertig kilometer verder. Om bij de bus in het dorp te komen moest ze langs een aantal scheldende mensen lopen, die naar haar schreeuwden en zelfs stenen naar haar gooiden en haar bespotten door 'Hé Krishna, Hé Krishna' te roepen. Dat weerhield haar er niet van haar plicht te doen. Amma's leven is een voortdurende en meedogende uitoefening van haar plichten tegenover de mensheid, ongeacht het lijden dat ze moet onder- gaan. Ze is zich altijd bewust geweest van haar plichten, wereldlijk of spiritueel. We kunnen het onderricht over karma yoga volledig in haar gemanifesteerd zien: doe je plicht en offer de resultaten aan God. En wees bereid om hiervoor te sterven.

Amma vindt dat haar leven is om lijdende *jiva's* (individuen) te troosten en hen op het pad naar bevrijding uit de cyclus van geboorte en dood te zetten. Ze neemt deze taak zo serieus dat ze maar door blijft gaan haar lichaam aan onvoorstelbare stress en lijden bloot te stellen, tegenwoordig zelfs meer dan ooit. Zoals we allemaal weten, is het niet ongebruikelijk voor haar om achttien uur of meer ononderbroken te zitten om degenen die bij haar komen troost te bieden.

Amma zegt dat we regelmatig sadhana moeten doen, maar ze vraagt ons ook om ons dagelijks leven te vergoddelijken. Als we dat niet doen, kan geestelijke vrede buiten ons bereik blijven. De vrede die we tijdens sadhana krijgen, moet naar ons dagelijks leven overgebracht worden. Per slot van rekening is het ons dagelijks leven dat ons zoveel afleidt. We moeten manieren vinden om altijd aan God te denken.

Een vrouw krijgt het advies om God in haar kleinkind te zien

Een oude vrouw kwam met haar kleinzoon bij een mahatma en vroeg hem of het goed was als zij afstand deed van haar familie en naar Brindavan, de verblijfplaats van Heer Krishna tijdens zijn jeugd, verhuisde om sadhana te doen. Was het aan te raden dat zij alle familiebanden verbrak?

De wijze antwoordde: 'Luister alsjeblieft zorgvuldig. Wat kijkt er naar je door de ogen van je kleinzoon? Welke kracht of energie stroomt door iedere porie van zijn lichaam?'

'Dat moet God zijn natuurlijk,' zei de vrouw.

'Als je naar Brindavan gaat, moet je dag en nacht één godheid aanbidden, de afbeelding van Sri Krishna. Is het lichaam van dit kind niet even goed een beeld van Krishna als het stenen beeld in Brindavan?' vroeg de swami.

De vrouw was even uit het veld geslagen en dacht toen dat de wijze gelijk moest hebben. Waarom naar Brindavan gaan als ze net zo goed God in het lichaam van haar kleinzoon kon aanbidden? Was God het niet die door zijn ogen keek, door zijn mond sprak en alle lichaamsfuncties liet werken?

Dat klonk eenvoudig genoeg, maar toen kwam de aap uit de mouw. De heilige zei haar: 'Je moet dit kind niet langer als je kleinzoon beschouwen. Je bent op geen enkele manier meer met hem verbonden. Je moet hem als de Heer beschouwen en alle besef van familiebanden en wereldlijke banden met hem verbreken. De enige band moet die tussen jou en God zijn in deze jongen. Geef alle liefde in je hart aan God in deze vorm. Dat is echte verzaking.'

Amma vraagt ons niet om de wereld op te geven. Ze vraagt ons onze wereldlijke gehechtheden en banden op te geven. De vriend, de vrouw en de echtgenoot moeten als zodanig ophouden te bestaan. We moeten alleen God in iedereen zien. Zelfs onze negatieve gevoelens ten opzichte van onze vijanden en slechte mensen moeten we opgeven en we moeten Goddelijkheid in hen zien. Onze wereldse visie moet in de visie van God veranderen. Alle persoonlijke relaties moeten gesublimeerd worden naar het niveau van een universele relatie met God. Amma is de echte belichaming van deze waarheid en ons beste voorbeeld.

Amma zegt:

> Als we een menselijke vorm hebben bereikt, moeten we ons verheffen tot het Goddelijke. We moeten ons individuele zelf overgeven aan God en zo volmaakt worden. Voor Maya is niets onmogelijk, mijn kinderen. Vermijd de ramp die Maya wordt genoemd. Word geen slachtoffer van illusie en treur niet. Bevrijd je geest uit zijn klauwen.

Pas na vele, vele levens als submenselijke soort zijn we uiteindelijk begiftigd met een menselijke vorm en biedt de Schepper ons de kans om eenheid met Hem te bereiken. Het uiteindelijke doel, het echte doel van de evolutie is ons te verenigen met de Schepper van de evolutie. Amma en de geschriften zeggen ons dat we nooit of te nimmer echt gelukkig kunnen zijn tenzij we onze eenheid met de Schepper ervaren. De Schepping, hoe omvangrijk en prachtig ook, kan nooit de bodemloze put van ons verlangen naar oneindig, altijd nieuw verrukkelijk geluk vervullen.

Oru nimishm engilum (Zelfs voor een ogenblik) is een populair lied van Amma. Het betekent:

> O mens, voel je vrede in je geest voor slechts een seconde terwijl je op zoek bent naar geluk in deze wereld?
>
> Zonder de Waarheid te doorgronden ren je achter de schaduw van Maya aan. Je zult hetzelfde lot ondergaan als een mot die misleid wordt door het zien van een gloeiend vuur.
>
> Na geleidelijk geëvolueerd te zijn door verscheidene incarnaties als worm, verschillende soorten kruipende schepselen, vogels en dieren, word je een mens. Wat is het doel van het leven als mens anders dan Zelfrealisatie?
>
> Doe afstand van lust, trots en hebzucht. Laat het leven van illusie achter je en gebruik je leven als mens door de glorie van de Opperste Brahman te zingen. Godsrealisatie is je geboorterecht; verspil dit kostbare leven niet.

HOOFDSTUK TWINTIG

De mens, de glorie van de schepping

Intuïtie versus instinct

De geschriften van India vertellen ons dat van alle levende wezens de mens alleen begiftigd is met onderscheidingsvermogen waardoor hij superieur is aan alle andere wezens. Toen de dieren in een bos deze waarheid hoorden, hadden zij zo hun twijfels over de geloofwaardigheid hiervan. De sluwe vos was van zijn stuk door de verheerlijking van de mens en zijn verheven positie in Gods schepping. Hij dacht bij zichzelf: 'Ben ik op enige manier minder intelligent dan de mens? Of is hij minder sluw dan ik als hij anderen wil bedriegen? Hij is net zo zeer een levend wezen als ik. Eigenlijk ben ik meer tevreden dan hij. Ik draag geen kostbare variëteit aan kleren in ieder seizoen. Ik verdraag hitte en kou geduldig. Ik vraag niet naar paraplu's om me tegen de regen te beschermen, of naar een zonnebril om me te beschermen tegen het felle licht van de zon in de zomer. Ik vraag niet naar een auto of een trein om van plaats naar plaats te gaan. Wij dieren bezitten al deze en nog veel meer edele eigenschappen. Waarom moet de mens dan superieur aan ons worden beschouwd? Ik zal ervoor zorgen dat deze onrechtvaardigheid beëindigd wordt.'

De vos rende in alle richtingen om andere dieren over te halen
zich bij hem aan te sluiten. Hij kon een aantal van hen bijeen-
brengen. Toen gingen ze met zijn allen naar de olifant. De wijze
olifant zei: 'Broeders, er schuilt ongetwijfeld enige waarheid in
wat jullie zeggen. Laat ons daarom naar een andere bosbewoner
gaan om achter zijn ideeën te komen. Er woont een wijze in de hut
daarginds. Laten we naar hem gaan en onze kwestie voorleggen.'

Ze gingen allemaal met het voorstel van de olifant akkoord.
'Swami, u kent me goed', blafte de hond. 'Ik ben het symbool van
dankbaarheid. Als iemand mij duizend keer slaat en me maar een
keer een kruimel eten geeft, ben ik hem mijn hele leven dankbaar
en ben ik bereid om hem mijn leven lang te dienen. Maar de mens
vergeet duizend aan hem verleende diensten en onthoudt de ene
fout die zijn vriend misschien heeft gemaakt. Hij negeert volledig
de ontvangen hulp en is in staat om zijn familie te vermoorden als
hij slechts een keer onjuist is bejegend, zelfs als het onopzettelijk
was. Hoe kunt u dan zeggen dat de mens superieur aan dieren is?'

En dit was het pleidooi van de koe: 'De mens brengt me
naar de weiden om te grazen. Soms geeft hij me een beetje stro
of schillen. Op mijn beurt geef ik mijn voedzame melk. Soms
hongert hij zelfs mijn baby uit om zichzelf en zijn kinderen te
eten te geven. Als ik hem en zijn gezin dergelijk eten geef, biedt
hij me onderdak in een stinkende en smerige plek achter zijn
huis. Zodra ik droog kom te staan, word ik slecht behandeld en
genegeerd. Als ik oud word, word ik weggejaagd of aan een slager
verkocht. Zo is de mens die u torenhoog bejubelt. Vertelt u me
alstublieft waarom.'

Nu was het de beurt van de kraai: 'Heeft de mens de eigenschap die ik bezit? Zelfs als een kruimeltje brood naar me wordt
gegooid, kras ik en roep al mijn broers en zussen om dit met hen
te delen. Maar de mens doet het tegenovergestelde. Hoeveel hij

ook heeft, hij hamstert steeds meer en gaat er zelfs op uit om het brood van zijn buren te stelen. Hoe kan deze zelfzuchtige en hebzuchtige mens boven mij verheven zijn?'

De vis fluisterde: 'O wijze! Ik zal de mens niet als inferieur aan mijzelf beschouwen, maar ik noem hem gewoon stom! Ik doe hem geen kwaad. In feite dien ik hem door de vijvers, tanks, meren en rivieren schoon te houden. Ik eet het vuil op dat door hem in het water wordt gegooid. Maar in plaats van zo'n goede weldoener te beschermen, vangt deze stomme mens mij, doodt me en eet me op. Beschouwt u deze domme mens superieur aan mij?'

De muilezel balkte: 'De vis heeft groot gelijk. Kijk naar mijn meelijwekkende plicht. Ik ben een lastdier. Ik ben bekend vanwege de goddelijke eigenschap geduld. Ik verdraag beledigingen en verwondingen geduldig. Zonder mijn steun zullen de mensen in de heuvels omkomen door gebrek aan levensbenodigdheden. Ik draag hun voedsel en andere goederen. Wat is mijn beloning? Slaag en nog meer slaag! Is deze mens superieur aan mij?'

'Vertel hem alles, vrienden, vertel hem alles over jullie kwaliteiten en jullie bovenmenselijke kundigheden,' viel de sluwe vos bij.

'Mijnheer,' zei het hert, 'het vel waarop u zit en op God mediteert, behoort onze soort toe. Hebt u ooit gehoord dat de huid van een mens voor iets nuttigs wordt gebruikt? Als het om schoonheid gaat, worden de prachtigste ogen van een jongedame vaak vergeleken met die van mij. Mijn liefelijke gewei wordt als decoratie gebruikt in de hal van mensen.'

'Zo ook,' zei de pauw, 'zijn mijn veren zo bekoorlijk dat zelfs Heer Krishna ze op zijn tulband had gestopt. Heer Shanmukha gebruikt mij als Zijn voertuig en veel van Zijn toegewijden gebruiken mijn veren als magische scepter om boze geesten af te weren. Niemand heeft ooit gehoord dat de huid of het haar van een mens zo gebruikt wordt.'

'Al mijn uitwerpselen worden als heilig en zeer zuiverend beschouwd,' zei de koe. 'De *panchagavya* is een constant voorwerp in alle heilige rituelen van de mens. Alleen al het noemen van menselijke uitwerpselen brengt slechts overgeven teweeg bij mensen en het minste contact ermee moet worden gevolgd door een grondige wasbeurt.'

'Kan enig mens prat gaan op zo'n fantastisch reukvermogen als ik heb?' informeerde de hond.

'Kan enig mens bogen op zo'n fantastisch gezichtsvermogen als ik heb?' vroeg de havik.

'Kan enig mens zowel overdag als 's nachts met hetzelfde gemak zien als ik dat kan?' vroeg de kat.

'Ik kan grote dingen verrichten. Ik heb een enorm lichaam. Er zijn talloze verhalen over mijn intelligentie. Uit mijn slagtanden en beenderen worden prachtige ivoren afbeeldingen en beelden gemaakt. Dit is allemaal waar, maar informeer ons alstublieft over de reden waarom de mens als superieur aan ons wordt beschouwd. Hoewel ik het eens ben met de argumenten van mijn broeders, denk ik dat hier een wijze reden voor moet zijn,' zei de olifant.

Alle dieren wachtten geduldig om de wijze te horen. De wijze zei: 'Luister, verwanten uit de jungle! Alles wat jullie hebben gezegd is waar. Maar God heeft de mens het oog van onderscheid gegeven, het intellect dat het juiste van het verkeerde onderscheidt, waarheid van onwaarheid, goed van kwaad. Jullie worden geregeerd door instinct. De mens kan intuïtie verkrijgen. Hij kan zijn instincten onder controle brengen en door intuïtie God bereiken.'

'En als hij dat niet doet?' vroeg de sluwe vos.

'Als hij dat niet doet, is hij natuurlijk erger dan een beest. Als hij het wel doet, is hij veruit superieur aan alle anderen in de schepping,' zei de wijze.

Toen ze dat hoorden, gingen de dieren tevredengesteld weg.

De Amerikaanse droom

Veel mensen vanuit de hele wereld denken dat het leven van 'de Amerikaanse droom' hen gelukkig zal maken. Wat is de Amerikaanse droom precies? Er zijn vele definities maar ze komen allemaal op het volgende neer:

> Een verzameling idealen waarin vrijheid de kans biedt op voorspoed en succes en een opgaande lijn van sociale mobiliteit voor het gezin en de kinderen. Dit wordt bereikt door hard te werken in een maatschappij met weinig obstakels.

Zelfs in Amerika doorzien veel schoolgaande kinderen tegenwoordig de leegte van de Amerikaanse droom van een leuk huis, baan, auto en andere materiële geneugten. Zij vinden dat goede relaties belangrijker zijn dan welk materieel object ook.

Het probleem van die analyse is dat die niet ver genoeg gaat, omdat relaties ook kunnen verzuren en pijnlijk en leeg kunnen worden.

Natuurlijk vindt Amma ook dat materiële welvaart en pleziertjes belangrijke doelen in het leven vormen. Kijk naar al haar charitatieve projecten. Die proberen mensen op zijn minst te voorzien van een minimum aan basisbehoeften en kansen om een gelukkig leven te leiden. Maar ze zegt ook dat alleen de relatie met God het verlangen van het menselijk hart naar geluk zal bevredigen. Hoe dichter we bij God komen, hoe meer we goddelijke gelukzaligheid en vrede genieten. Dat is de ervaring van alle toegewijden uit alle tijden.

Mahatma's uit heden en verleden zeggen dat de ziel als hij het einde van de cyclus van leven en dood nadert, een aversie tegen de wereld ontwikkelt. Dat leidt hem uiteindelijk naar toewijding aan God. Het lijkt een natuurwet te zijn dat men op een dergelijk moment een Goeroe krijgt die de weg naar ontwaking uit de Universele Illusie toont.

Wat laat ons alsmaar door de cyclus van geboorte en dood reizen? Maya verbergt de Schepper en projecteert de schepping en dat maakt ons blind voor onze ware aard als onvergankelijke ziel en doet ons denken dat we het vergankelijke lichaam zijn.

Amma zegt steeds opnieuw dat we niet tevreden moeten zijn met onze status quo. We moeten omgaan met ontwaakte zielen zodat we ontevreden worden met Maya en naar ontwaking streven. Het gezegde 'Vogels van eenzelfde pluimage komen samen' is erg waar.

De grote wijze Adi Shankaracharya van wie het onderricht over Advaita Vedanta (non-dualiteit) door Amma en andere mahatma's uit deze tijd zoals Sri Ramana Maharishi als hun eigen onderricht wordt beschouwd, schreef veel devotionele hymnen en hymnen over Advaita. In een van deze, Bhaja Govindam, vertelt hij over de grootsheid van het samenzijn met wijzen.

Satsangatve nissangatvam
Nissangatve nirmohatvam
Nirmohatve nishchalatattvam
Nishchalatattve jivanmukti

Het gezelschap van de goeden leert ons verkeerde gehechtheid af; uit niet-gehechtheid komt vrijheid van begoocheling voort; als de begoocheling ophoudt, wordt de geest onwrikbaar en kalm en uit een onwrikbare en kalme geest ontstaat Jivanmukti (bevrijding in dit leven).

Hij vertelt ons dat het oversteken van samsara, de oceaan van leven en dood, onmogelijk is zonder de hulp van God.

Punarapi jananam punarapi maranam
Punarapi janani jathare shayanam
Iha samsare bahudustare
Kripayapare pahi murare

Steeds opnieuw wordt men geboren,
En steeds opnieuw sterft men,
En steeds opnieuw slaapt men in de baarmoeder.
Help me deze onoverschrijdbare, eindeloze zee van
het Leven over te steken, mijn Heer.

Maya verandert ons in schapen. Meestal doen we wat iedereen doet. Zelden denkt een persoon over het ultieme einde van zijn handelingen. De dood en het gezelschap van wijzen schudden ons wakker en doen ons diep nadenken over het leven.

Swami Vivekananda en een student

Swami Vivekananda ging voor de tweede keer per boot naar Amerika. Op de boot ontmoette hij een Indiase student die ook naar Amerika ging om hoger onderwijs te genieten. De student zag er zeer ontwikkeld uit en gedroeg zich arrogant omdat in die tijd maar weinig mensen naar het buitenland gingen. De swami dacht dat dit een goed moment was om hem de juiste waarden voor het leven bij te brengen. Dus toen ze op een avond elkaar op het dek tegenkwamen, vroeg Swamiji aan de student:

'Zoon, waarom ga je naar Amerika?'

'Ik ga hoger onderwijs volgen, mijnheer. Het zal vier tot vijf jaar vergen.'

'Wat gaat er dan gebeuren?'

169

'Ik zal teruggaan naar India. Ik ben er zeker van dat ik een erg goede baan zal krijgen en een hoop geld ga verdienen.'

'En dan?'

De student was verrast. Was de swami zo onwetend dat hij de waarde van geld niet kende?

'Dan zal ik de fortuinlijkste persoon zijn. Alle vaders van huwbare meisjes zullen met aanzoeken naar mij toe komen. Ik zal in een positie verkeren om mijn eigen voorwaarden te bepalen en het meisje van mijn keuze trouwen.'

'En dan?'

De student ergerde zich aan deze vragen maar hij liet het niet zien. Hij antwoordde echter ongeduldig:

'Als we dan samenwonen, zullen er kinderen komen, mijnheer. Ik zal een belangrijk ambtenaar worden. We zullen in een bungalow wonen en een auto rijden. De kinderen zullen het beste onderwijs krijgen en alle gelegenheid krijgen om het goed te doen in het leven. Mijn dochters zullen een goede partij zijn en mijn zoons gaan misschien zelfs naar het buitenland om hoger onderwijs te volgen en een goede baan te krijgen.'

'En dan?'

Nu was de student er zeker van dat de swami hem in de maling nam. Hij keek naar zijn gezicht om zijn uitdrukking te zien, maar die was uitdrukkingsloos. Dus zei de student met toenemende ergernis:

'Mijnheer, tegen de tijd dat mijn kinderen gesetteld zijn in het leven, zal ik de pensioengerechtigde leeftijd naderen. Dan zal ik een klein huisje in mijn dorp bouwen en daar na mijn pensionering wonen, een goed pensioen krijgen en ruimschoots rond kunnen komen.'

'En dan?'

De student verloor zijn zelfbeheersing deze keer. Hij snauwde boos: 'Wat voor vragen stelt u? Wat valt er meer te zeggen. Dan zal ik sterven!'

De swami glimlachte kalm en zei:

'Als het er alleen om gaat om geld te verdienen, te eten, kinderen voort te brengen en dan op een dag dood te gaan, wat is een mensenleven dan waard?' Doen de dieren niet hetzelfde zonder buitenlands onderwijs? Doen de vogels niet hetzelfde zonder scholing? Doen de vissen niet hetzelfde zonder hoog salaris en een mooi huis? Geboorte en dood zijn normaal voor alle wezens. Zonder twijfel moeten we een behoorlijk leven leiden, maar we moeten altijd hoge idealen hebben. Het is prima om geld en status te hebben, maar dat is alleen de moeite waard als het wordt gebruikt in dienstbaarheid aan anderen.'

De student voelde zich beschaamd en vanaf die dag besloot hij een zinvol leven te leiden dienstbaar aan de samenleving.

Als de swami meer tijd met deze man had kunnen doorbrengen, zou hij ongetwijfeld zijn geest geleidelijk naar meer spirituele gedachten en hogere doelen hebben geleid, zoals Amma doet.

Als we iets op de verkeerde plek hebben gezet, wat doen we dan om het te vinden? We blijven eraan denken totdat het daagt waar het is. Op dezelfde manier, zegt Amma, hebben we God 'verkeerd opgeborgen' tussen al onze activiteiten en bezittingen. Met andere woorden: in deze wereld. Om Hem te vinden moeten we Hem voor de geest houden. We moeten ons ook herinneren dat Hij in ons is, verborgen door onze eindeloze gedachten en gevoelens. Hem in ons vinden is de grootste vreugde, het einde van alle lijden, de dageraad van opperste gelukzaligheid.

Er zijn vele manieren om Hem in onze geest te houden, zoals meditatie, japa, bhajans, seva enzovoorts. Een paar zeldzame toegewijden overkomt echter het grote geluk om een tijdgenoot van een Goddelijke Ziel te zijn. De *Yoga Sutra's van Patanjali* zeggen dat denken aan een mahatma een heel natuurlijke en effectieve vorm van meditatie is, die de rusteloze geest zal zuiveren. Grote zielen zoals Krishna, Rama, Boeddha, Jezus en Sri Ramakrishna trekken talloze zielen aan door hun goddelijke aantrekkingskracht. Veel zielen bereikten mentale zuiverheid en vonden God door omgang met die mahatma's. Wij zijn evenzeer gezegend met Amma's goddelijke aanwezigheid, en onze kansen om God te bereiken zijn even goed als van die gezegende zielen. Maar we moeten onze geest leegmaken van onze vooringenomenheid met de wereld en deze vullen met de gedachte aan God of de Goeroe. Op een bepaald moment zal de openbaring dagen dat de Goeroe in ons en ons eigen meest geliefde Zelf is.

De bewoners van Brindavan, de gopi's en de gopa's, hadden deze natuurlijke toewijding voor Heer Krishna. Hoewel ze hun dagelijkse leven leidden, was de gedachte aan Krishna altijd op de achtergrond aanwezig. Om hun geloof en toewijding te versterken verrichtte de Heer veel grote en kleine wonderen.

Gevorderde sadhaks hebben geen wonderen of bevestiging van de goddelijke aard van hun Goeroe nodig. Ze kunnen altijd de intense vrede en gelukzaligheid voelen die de Goeroe uitstraalt. Maar de overigen, de gewone mensen, hebben af en toe een bevestiging nodig. Als we alert zijn, beseffen we langzaamaan dat we vaak wonderen van Amma's genade ervaren. Om de dingen in dat licht te zien moeten we zowel het plezierige als het pijnlijke als haar genade aanvaarden.

Kijk grondig naar je leven. Amma is altijd bij je, onderwijst je, trekt je geest naar zich toe. Wees niet bang. Wees dapper en heb vertrouwen in Amma's woorden: 'Ik ben altijd bij je, mijn kind'. Ze zal bij ons zijn, nu en in alle eeuwigheid.

www.ingramcontent.com/pod-product-compliance
Lightning Source LLC
Chambersburg PA
CBHW072019060426
42446CB00044B/2821